1분 생활 상식

1분 생활 상식

초판 1쇄 발행 2019년 3월 15일
초판 2쇄 발행 2022년 2월 14일

지은이 | 한글 말모이 연구회

펴낸이 | 이삼영
책임편집 | 눈씨
마케팅 | 푸른나래
디자인 | 참디자인

펴낸곳 | 별글
블로그 | http://blog.naver.com/starrybook
등   록 | 제2014-000001 호
주   소 | 경기도 고양시 덕양구 오금로 7 305동 1404호(신원동)
전   화 | 070-7655-5949   **팩   스** | 070-7614-3657

이 책은 저작권법에 따라 보호를 받는 저작물이므로 무단 전재와 무단 복제를 금지하며,
이 책 내용의 전부 또는 일부를 이용하려면 반드시 저작권자와 별글 출판사의 서면 동의를
받아야 합니다.

책값은 뒤표지에 있습니다. 잘못된 책은 바꾸어드립니다.

ISBN 979-11-86877-96-8 (14190)
         979-11-86877-16-6 (14190)(세트)

이 도서의 국립중앙도서관 출판예정도서목록(CIP)은 서지정보유통지원시스템 홈페이지(http://seoji.nl.go.kr)와
국가자료종합목록시스템(http://www.nl.go.kr/kolisnet)에서 이용하실 수 있습니다.
(CIP제어번호 : CIP2019005505)

별글은 독자 여러분의 책에 대한 아이디어와 원고 투고를 기다리고 있습니다.
책 출간을 원하시는 분은 이메일 starrybook@naver.com으로 간단한 개요와 취지, 연락처 등을 보내주세요.

1분
생활 상식

상식으로 두뇌의 숨은 힘을 깨워라

한글 말모이 연구회 지음

"작은 상식이 모여 진짜 실력이 된다"

일본에서 100만 부가 팔린 시리즈의 후속작

별글

| 들어가며 |

『1분 생활 상식』은 '재미있게 배우는 지식이 가장 쉬운 지식이다'라는 주제를 명제문(命題文) 삼아 재미를 중점으로 쓰인 책입니다. 생활, 과학, 역사, 자연, 사회 등 5개 분야의 295개 상식을 쉽고 재미있게 풀어 썼으며 하나하나가 알아두면 좋을 주요 지식의 에센스이기도 합니다. 예를 들어 청바지는 왜 파란색인지, 적도에 가면 몸이 왜 날씬해지는 건지, 다이어트에 도움되는 착한 탄수화물이 도대체 무엇인지, 탄 음식을 먹으면 진짜 암에 걸리는 건지 등 일상생활에 유용한 지식과 평소에 궁금했던 재미난 호기심을 모아 알차게 구성했습니다.

그중엔 학교 공부와 직접적인 관련이 있는 것도 있고, 직접적인 관련은 없지만 알아두면 유익한 정보도 있지만 가장 중요한 건 이 모든 지식에 재미를 담았다는 점입니다. 이 책은 여러분께 일상의 궁금증을 속 시원히 해결하는 동시에 세상 보는 시각을 넓혀주고 대화의 소재들을 풍부하게 제공할 것입니다.

목차

1 생활에 유용한 일상 상식

- 화장실에서 배출된 분뇨는 어디에서 어떻게 처리될까? — 021
- 치약으로 변기의 악취를 없앨 수 있다? — 021
- 막힌 하수구는 굵은 소금 한 주먹으로 간단히 뚫는다? — 022
- 청바지는 왜 파란색일까? — 023
- 옷의 볼펜 얼룩을 우유로 지운다? — 024
- 젖은 신발의 고린내를 동전으로 없앨 수 있다? — 024
- 주방 기름때는 맥주로 깨끗하게 닦아진다? — 025
- 냉장고의 악취를 소주로 퇴치할 수 있다? — 026
- 소다수만 있으면 꽃병의 꽃을 오래 볼 수 있다? — 026
- 각설탕 하나면 먹다 남은 과자도 바삭하게 보관할 수 있다? — 027
- 말라비틀어진 식빵을 다시 촉촉하게 하는 비결이 있다? — 027
- '밥 배, 디저트 배가 따로'라는 말이 사실이다? — 028
- 적도에 가면 더 날씬해진다? — 029

- 다이어트에 도움되는 착한 탄수화물도 있다? 030
- 감자는 살찌는 탄수화물 덩어리가 아니다? 030
- 트림은 입으로 뀌는 방귀다? 031
- 마늘 때문에 나는 입 냄새에는 사과가 특효약? 032
- 누워서 떡 먹기는 정말 쉬워서 하는 말일까? 033
- 라면의 짠맛, 달걀로 줄일 수 있다? 034
- 왕란, 특란, 대란 중 과연 가장 큰 달걀은 무엇일까? 034
- 조류인플루엔자가 유행할 때 과연 치킨을 먹어도 될까? 035
- 설탕이 대중화된 건 아프리카 노예 때문이다? 036
- 아이가 채소를 싫어하는 이유가 있다? 037
- 아보카도가 높은 인기 탓에 강이 말라가고 있다? 038
- 비가 많이 온 해에는 왜 과일이 맛없을까? 039
- 과일 맛에도 기준이 있다? 039
- 바나나에 대해 여태껏 알려지지 않았던 사실들 040
- 바나나가 멸종 위기에 처했다? 041
- 귤에 붙어 있는 하얀색 섬유질은 영양 만점이다? 042
- 옥수수가 지구에서 사라진다면 대혼란이 벌어질지 모른다? 042
- 화이트초콜릿은 초콜릿이 아니다? 044
- 하버드가 발표한 커피의 좋은 효능들 045
- 아이스크림은 반이 공기다? 047
- 캔, 페트병, 유리병 중 어떤 용기의 콜라가 맛있을까? 047
- 와인병 바닥은 왜 움푹 들어가 있을까? 049
- 우유를 담은 종이팩은 어떻게 젖지 않는 걸까? 049
- 색 바랜 투명 플라스틱 용기의 색을 되돌리는 방법? 050
- 포크의 끝은 왜 네 갈래일까? 051
- 보양식으로 인기 있는 문어, 왜 양식이 불가능할까? 052

- 날이 더운 해에는 가을철 꽃게가 풍년이다?   053
- 고기를 먹고 체했을 때는 파인애플이 특효약이다?   053
- 설탕으로 딸꾹질을 멈추는 비법?   054
- 딸꾹질이 날 때 혀를 잡아당기면 멈출 수 있다?   055
- 내성발톱은 무좀, 노화, 비만 때문에 생기기도 한다?   055
- 발이 저릴 때 30초 만에 해결하는 방법?   056
- 호텔은 모든 숙박 고객에게 담보를 요구한다?   056
- 호텔 숙박료는 언제가 가장 저렴할까?   057
- 호텔의 일회용품은 그냥 가져가도 될까?   058
- 우동, 일본 음식일까 중국 음식일까?   058

2 신기하고 재미있는 과학 상식

- 바닷물은 투명한데 왜 먼바다는 파랗게 보일까?   063
- 1초의 길이는 어떻게 정해졌을까?   063
- 밤하늘의 별은 왜 빛날까?   064
- 우주비행사가 우주복을 입지 않으면 어떻게 될까?   064
- 한쪽 귀를 막고 노래하면 왜 음정이 더 잘 맞을까?   065
- 녹음된 내 소리와 실제 내 목소리는 왜 다르게 들릴까?   066
- 코가 막히면 귀까지 먹먹한 이유는?   066
- 여자도 목젖이 있다?   067
- 탄 음식을 먹으면 진짜 암에 걸릴까?   068
- 모든 동물이 소금을 반드시 먹어야 하는 이유?   068

- 머리를 많이 쓰면 왜 배가 고플까? 069
- 배가 고프면 우리 몸은 스트레스를 받는다? 070
- 만리장성이 오랜 세월 굳건한 이유는 찹쌀 때문이다? 071
- 유럽에 있는 대부분 탑은 사실 무기 제조고였다? 072
- 흑백텔레비전은 꿈도 흑백으로 꾸게 한다? 073
- 꿈을 꿀 때 아이디어가 가장 잘 떠오른다? 073
- 대표적 현대병인 불면증의 주원인은 스마트폰이다? 074
- 일찍 일어나는 게 청소년에게는 좋지 않을 수 있다? 075
- 스포츠 경기에서 다친 선수에게 뿌리는 스프레이의 정체는? 076
- 운동화 밑창은 고무가 아니다? 077
- 양치질할 때 치약에 물을 묻히면 안 된다? 077
- 충치의 주요 원인은 당분이 아니다? 078
- 근육은 기억력이 뛰어나다? 079
- 냄새는 옛 기억을 잘 떠오르게 한다? 080
- 향수를 만드는 조향사라고 향을 더 잘 맡는 것은 아니다? 080
- 봄철 미세먼지는 30년 전이 더 심각했다? 081
- 여름에 갑자기 쏟아지는 비, 동남아의 스콜과 뭐가 다를까? 082
- '대한이 소한의 집에 가서 얼어 죽는다'는 속담은 사실이 아니다? 082
- 왜 맨홀 뚜껑은 전부 둥근 모양일까? 083
- 타이어는 왜 전부 검은색일까? 084
- 비상구 표지판이 녹색인 이유는 무엇일까? 085
- 자동차가 많지도 않은데 막히는 유령 정체, 왜 일어날까? 085
- 자동차에서 뛰어내릴 때 앞쪽, 뒤쪽 중 어디가 안전할까? 087
- 겨울철 세차할 때는 차가운 물로 해야 한다? 087
- 비행기를 타면 왜 귀가 먹먹하고 때론 아플까? 088
- 비행기 사고의 생존율은 압도적으로 자동차 사고보다 높다? 089

- 비행기의 창문은 무려 삼중창이다?   089
- 사랑의 유효 기간은 30개월이다?   090
- 남을 도우면 내 건강도 저절로 좋아진다?   091
- 대부분의 사람은 보고 싶은 것만 본다?   092
- 거짓말하면 코가 길어지는 피노키오 이야기가 나름 과학적이다?   093
- 귀여운 동물 사진이 인간의 집중력을 높여준다?   094
- 무식하면 용감하다는 말이 과학적 근거가 있다?   095
- 스티로폼은 98%가 공기다?   096
- 새집 증후군 못지않게 헌집 증후군도 무섭다?   097
- 겨울철 에어캡을 창문에 붙이는 것은 이글루 효과다?   098
- 지우개는 이제 더 이상 고무로 만들지 않는다?   099
- 만년필은 갈대에서 힌트를 얻어 만들어졌다?   100
- 과학으로 바닷물에서 소금을 얻는 방법이 엄청난 인류 대발견인 이유?   101
- 최근 접한 정보가 가장 먼저 기억나는 이유가 있다?   102
- 젊은 뇌를 이식하면 영원한 생명을 얻을 수 있다?   103
- 실패한 발명품이었던 순간접착제, 수많은 생명을 구했다?   103
- 보온병은 일반 사람들과는 관계없는 과학실험 도구였다?   104

3 꼭 알아야 할 역사 상식

- 한국은 세계에서 고인돌이 가장 많은 나라다?   109
- 중국 최고 문화유산인 만리장성, 도대체 왜 만들었을까?   110
- 황제라는 명칭은 로마 제국의 카이사르가 원조다?   110

- 고대 로마의 몸짱 검투사들은 채식주의자였다? 111
- 고대에는 구구단을 모르면 전쟁에서 이길 수 없었다? 112
- 전 세계에서 일어난 끔찍한 대기근이 『삼국지』를 탄생시켰다? 113
- 세계 최초 기업이자 가장 오래된 기업을 백제인이 세웠다? 114
- 중국에서는 쥐가 훔쳐 먹은 것까지 세금으로 징수했다? 114
- 세계 최초의 지폐는 진짜 돈이 아니라 교환권? 115
- 칭기스칸이 아시아와 유럽을 정복한 것은 육포 덕분이다? 116
- 강원도 양양의 관광 명소인 하조대, 조선 건국과 관련 있다? 117
- 조선 시대부터 버터를 생산했다? 119
- 조선 시대에는 화장실 흙을 채취하는 사람들이 있었다? 119
- 신대륙 아메리카를 발견한 건 콜럼버스인데 왜 다른 이름이 붙여졌을까? 120
- 모카는 원래 예멘의 지명이다? 121
- 중동에서는 남편이 커피를 끓여주는 게 중요한 결혼 조건이었다? 122
- 17세기 이전의 유럽인은 누구나 술고래였다? 123
- 중세 수도원이 염전과 양식장까지 갖추고 있었던 까닭은? 124
- 프랑스 혁명 때문에 맛있는 카망베르 치즈가 널리 퍼졌다? 125
- 고급 샴페인 돔 페리뇽, 원래 수도사의 이름이었다? 126
- 중국 차 덕에 탄생한 영국의 명품 브랜드가 있다? 127
- 유럽 사람들은 죽어서도 세금을 내야 했다? 128
- 마르게리타 피자는 왕비에게 진상되었던 피자다? 129
- 조선에도 슈퍼 영웅이 존재했다? 130
- 안경 에티켓을 어겨서 죽은 사람이 조선 시대에 있었다? 131
- 영국 산업혁명은 설탕이 일으켰다? 132
- 300년 동안 감자는 유럽인에게 악마의 식물로 여겨졌다? 134
- 독일의 위대한 프리드리히대왕의 별명은 왜 감자 대왕이었을까? 135
- 네덜란드에서 튤립 한 송이가 집값보다 비쌌던 시절이 있다? 136

- 조선 시대 여성에게 최고 사치품은 다름 아닌 가발?　　　　137
- 유럽 상류층은 왜 300년 동안이나 가발을 쓰고 다녔을까?　　138
- 술꾼을 만들어낸 미국의 금주법　　　　　　　　　　　　　139
- 카디건은 크림전쟁이 탄생시킨 옷이다?　　　　　　　　　　140
- 새똥 때문에 페루와 스페인이 전쟁을 벌였다?　　　　　　　141
- 현대 4대 사회보험 중 3대 보험을 만든 사람이 독일 철혈재상 비스마르크?　142
- 조선인은 커피를 처음 보고서는 서양인의 한약으로 여겼다?　143
- 조선 최초의 호텔은 왜 서울이 아닌 인천에 세워졌을까?　　143
- 인천 차이나타운은 원래 사교와 유흥의 장소였다?　　　　　145
- 여성 전용이던 손목시계는 보어전쟁 때부터 남성이 사용했다?　146
- 중남미에서는 바나나 회사가 '문어'라고 불린다?　　　　　　147
- 전설적인 시카고 악당 알 카포네는 세탁소를 운영했었다?　147
- 1차 세계대전의 진짜 승리자는 인스턴트커피?　　　　　　　148
- 1차 세계대전은 독일을 천문학적인 빚더미에 앉혔다?　　　149
- 독일 나치의 비밀 무기는 위조화폐였다?　　　　　　　　　150
- 2차 세계대전 때 미국인은 덩어리 빵만 먹어야 했다?　　　151
- 스위스의 퐁뒤는 나치에 저항하기 위해 먹던 음식이다?　　152
- 초밥 10개가 1인분으로 정해진 것은 전쟁 때문이다?　　　　152
- 일제강점기에 지옥섬이라고 불리던 곳이 있다?　　　　　　153
- 1960년대 우리나라의 쥐잡기 운동이 토종 여우를 멸종시켰다?　155
- 1970년대 외화 벌이가 한창일 때는 오줌마저 사고팔았다?　156
- 일본어인 덴푸라, 라틴어에서 유래했다?　　　　　　　　　156
- 미숫가루, 이름에 아시아의 역사가 담겼다?　　　　　　　　157
- 우리나라 5,000원권의 별명이 '서양 율곡'이었다?　　　　　158

4 신비롭고 놀라운 자연 상식

- 수염이 없어지면 고양이는 어떻게 될까? 163
- 고양이도 사람처럼 멀미를 한다? 163
- 고양이는 육식동물이지만 풀도 뜯어 먹는다? 164
- 천고묘비, 하늘은 높고 고양이는 살찐다? 165
- 고양이는 입으로도 냄새를 맡는다? 166
- 모델의 걸음걸이가 고양이를 흉내 낸 거라고? 166
- 개도 사람처럼 외로움을 느낀다? 167
- 개가 어두운 밤에도 길을 잘 찾는 이유는? 168
- 개는 왜 소변을 볼 때 다리를 치켜들까? 168
- 개의 코가 말라 있으면 어떤 상태일까? 169
- 늑대와 개 사이에 교배를 할 수 있다? 169
- 오랑우탄은 '숲에 살던 사람'이란 뜻이다? 170
- 느림보이자 잠보인 나무늘보, 등에서 풀이 자라기도 한다? 171
- 태어날 때부터 상아가 없는 코끼리가 있다? 172
- 다람쥐의 집은 나무가 아니라 땅에 있다? 173
- 스컹크는 자신이 내뿜는 방귀의 지독한 냄새를 맡지 못할까? 173
- 가을에는 말이 살찐다는 의미의 천고마비, 실제로 맞는 말일까? 174
- 판다, 고양이는 미각 유전자가 고장 나서 맛을 모른다? 174
- 곰을 만났을 때 죽은 척하는 것은 위험하다? 175
- 과학적으로 곰은 미련 곰탱이가 전혀 아니다? 176
- 목숨 걸고 절벽을 기어오를 만큼 염소는 소금을 좋아한다? 177
- 기린의 목은 어째서 그토록 길까? 177

- 기린은 왜 100미터씩 옮겨 다니며 우산 아카시아를 먹을까? 178
- 과연 짐승에게도 효(孝)의 개념이 있을까? 179
- 사실 금붕어의 집중력은 사람보다 낫다? 180
- 물속에 사는 물고기가 냄새를 맡을 수 있다? 181
- '숭어가 뛰니까 망둥이도 뛴다'는 속담처럼 망둥이의 모습은 우습다? 181
- 참치는 태어나 죽을 때까지 평생 쉬지 않고 헤엄친다? 182
- 고독한 동물로 알려진 문어는 사실 사회적 동물이다? 183
- 열대 바다속 니모는 오로지 한곳에서만 평생 살아간다? 184
- 돌고래는 마음에 드는 상대에게 선물을 준다? 185
- 청개구리는 사는 곳도 다른 개구리들과는 정반대다? 185
- 바다뱀과 육지 뱀은 같은 뱀이라도 다르다? 186
- 도마뱀은 왜 자신의 꼬리를 스스로 자를까? 187
- 온몸에서 치명적 독이 나오는 독개구리, 자신은 멀쩡한 이유? 188
- 중국에는 재해를 먼저 감지한 두꺼비들이 있다? 189
- 지렁이가 친환경 농업을 돕는다? 190
- 곤충의 피는 무슨 색일까? 191
- 파리는 왜 똥파리라고 불릴까? 191
- 파리는 어째서 앞발을 비벼댈까? 192
- 모기의 주식은 동물의 피가 아니다? 192
- 모기는 뚱뚱한 사람을 특별히 좋아한다? 193
- 벌레 물린 곳에 침을 바르면 효과가 있을까? 194
- 곤충은 어째서 전등이 있는 곳으로 모여들까? 195
- 개미의 수명은 어느 정도일까? 195
- 포도밭을 초토화해 세계 와인 산업을 망친 초미니 벌레가 있다? 196
- 하루에 커피 500잔도 거뜬한 벌레가 있다? 197
- 식충 식물인 파리지옥풀의 위험한 사랑을 도와주는 곤충이 있다? 197

- 까마귀는 은혜를 갚을 줄 아는 동물이다? 198
- 새대가리라고 비하되지만 실제로 새의 지능은 의외로 높다? 199
- 대머리독수리의 어쩌다가 대머리가 된 걸까? 200
- 왜 사람 손에 키워진 닭은 날 수 없을까? 201
- 하늘을 못 나는 펭귄이 사실 철새다? 201
- 펭귄은 맛을 잘 못 보지만, 눈만큼은 좋다? 202
- 지구에서 가장 시력이 좋은 건, 바로 타조? 203
- 해마다 수많은 새가 유리창에 부딪혀 죽는 이유는? 203
- 비행기 연착의 주원인은 새들 때문이다? 204
- 일부러 흙을 먹는 앵무새가 있다? 205
- 새는 매운맛을 느끼지 못한다? 206
- 제주도에서 까치는 길조가 아닌 흉조로 취급받는다? 207
- 저어새는 그 이름처럼 물속을 젓고 다닌다? 208
- 용맹함의 상징인 독수리는 사실 먹이를 사냥하지 못한다? 209
- 박쥐도 겨울잠을 잔다? 209
- 철새 중에는 가락지를 낀 새들이 있다? 210
- 몸길이 5m에 육박하던 매머드는 혹독한 기후 탓에 멸종한 게 아니다? 211
- 경상남도 하동에 악어가 살았다? 212
- 장작으로 쓰면 거품을 뿜는 나무가 있다? 213
- 성탄절에 사용되는 대부분의 크리스마스트리는 한국산이다? 214
- 제주도 비자나무 숲에서는 여기저기에서 닭 뼈를 볼 수 있다? 215
- 동백나무가 겨울에 꽃을 피우는 것은 동박새 덕분이다? 216
- 음나무는 어릴 때 가시투성이다가 자라면 가시가 없어진다? 217

5 알아두면 편리한 **사회 상식**

- 미국의 욜로 유행은 국민의 의료보험 가입을 위해서였다? 221
- 욜로족과 함께 타임키퍼스 앱이 인기다? 221
- 북태평양에는 플라스틱 섬이 있다? 222
- 쓰레기 문제는 우주에서도 골칫거리다? 223
- 가난한 것도 아닌데 쓰레기를 주워 먹는 사람들이 있다? 224
- 10만 년 동안 썩지 않는 쓰레기가 있다? 224
- 핵폐기물 쓰레기를 영구 처리하는 핀란드식 해결책이 주목받는다? 225
- 중국에는 얼굴을 인증해야 이용 가능한 공중화장실이 있다? 226
- 에어컨 없이도 시원한 건물이 아프리카에 있다? 226
- 앞으로는 그린칼라가 뜬다? 227
- 우리나라의 공휴일 지정은 누가 하는 걸까? 228
- 열 살이라도 범죄를 저지르면 어른처럼 처벌받는 나라가 있다? 230
- 왜 특종은 새벽 3시에 많이 터질까? 230
- 녹색 신호등이 깜박일 때, 보행자는 건너도 될까? 231
- 알파고에는 여러 종류가 있다? 232
- 휴대전화가 인간의 머리를 '팝콘 브레인'으로 만든다? 233
- 휴대전화 요금제는 일부러 복잡하게 만들어져 있다? 234
- 스페인에는 스페인어를 쓰지 않는 지역이 있다? 235
- 가짜가 진품을 이기는 현상, 그레셤의 법칙으로 설명된다? 236
- 최근 등장한 '햄버거 포비아'라는 공포증이 있다? 237
- 새끼 야생동물을 잘못 구조했다가는 납치범이 될 수 있다? 238
- 산과 숲에 갈 때 도토리를 줍는 것은 불법이다? 239

- 미국은 왜 위험한 화성에 자국민을 이주시키려는 걸까? 240
- 독서의 계절이라는 가을, 정말 책을 많이 읽을까? 241
- 범죄자가 가장 선호하는 화폐는 비트코인이다? 241
- 베네수엘라에서는 돈의 값어치를 무게로 잰다? 242
- 세금을 걷지 않는 사우디아라비아는 어떻게 국가를 운영할까? 243
- 영국 정부는 세금을 잘 걷는 특별한 비법이 있다? 244
- 흰 우유가 아닌, 딸기나 초코 우유에 부과되는 세금이 있다? 245
- 사람처럼 세금을 내는 희한한 나무가 우리나라에 있다? 246
- 제품을 사지 말라고 광고하는 배짱 있는 회사가 있다? 247
- 애플의 숨겨진 조력자는 나이키다? 247
- 장사가 안되는 식당의 음식은 점점 더 맛없어진다? 248
- 왜 사람들은 매번 같은 식당에 가서 같은 메뉴를 시킬까? 249
- 식당에서 가장 잘 팔리는 것은 중간 가격의 메뉴다? 250
- 결정 장애는 누구나 겪는 당연한 현상이다? 251
- 명품 핸드백이 비쌀수록 더 팔리는 이유가 있다? 252
- 9,990원, 19,990원짜리가 잘 팔리는 까닭은? 252
- 쉽게 번 돈은 실제로 쉽게 나간다? 253
- 돈을 충분히 벌고 있는 흑자 때 부도가 나는 일이 있다? 254
- 세계 물가를 비교하는 지수는 대부분 먹거리다? 255
- 탄생석은 성경에서 기원했다? 255
- 터키석은 정작 터키에서는 생산되지 않는다? 258
- 상순, 중순, 하순이 10일씩 차이 나는 이유는 10개의 태양 때문이다? 259
- 연필의 단위인 '다스'도 알고 보면 일본말이다? 259
- 수목장의 기원은 불교에서 찾을 수 있다? 260
- 개나리는 볼품없는 꽃이고 진달래는 좋은 꽃이다? 261
- 불교와 관련 있는 우리나라의 꽃과 나무 이름들 261

- 이팝나무는 밥과 닮아서 붙여진 이름이다? 262
- 느릅나무는 껍질이 느른해져서 느릅나무다? 263
- '똥구멍이 찢어지게 가난하다'라는 말이 소나무에서 비롯되었다? 264
- 샐러리맨의 유래는 소금으로부터 시작되었다? 264
- 관동별곡의 관동은 과연 어느 지역을 가리킬까? 265
- 은수저를 물고 태어났다는 말은 『돈키호테』에서 왔다? 266
- 마피아는 원래 이탈리아에서 명예로운 호칭이었다? 266
- 브래지어는 원래 전쟁에서 활을 쏠 때 쓰던 팔목보호대였다? 267
- 건강에 도움되는 피톤치드, 사실 죽음과 관계있는 말이다? 268
- 도미노는 천주교에서 '주님'을 부르던 말에서 유래되었다? 268
- 아령은 중세 유럽 때 교회 종지기들의 연습 도구였다? 269
- 프랑스의 국가명은 전투용 도끼에서 비롯되었다? 270
- 모조지는 모방해서 만들어진 종이라고? 271
- 필기구 샤프가 회사 이름까지 바꾸었다? 272
- 외환 투자자의 대명사 '와타나베 부인'에게는 다른 이름들이 있다? 273
- 여러 악재가 일어나는 것이 '칵테일 위기'라고? 273
- 경제를 망치는 '샤워실의 바보'란 누구일까? 274
- 멸종 위기의 갈라파고스에서 유래된 '갈라파고스 신드롬'? 275
- 인스턴트 음식이 사람의 성격을 변화시킨다고? 276

1

생활에 유용한
일상 상식

Q 화장실에서 배출된 분뇨는 어디에서 어떻게 처리될까?

화장실을 사용할 때 한번쯤은 이런 생각을 하게 된다. 화장실에서 배출되는 오물은 어디로 가는 걸까? 하수도를 통해서 우리가 식수로 사용하는 강으로 바로 흘러가는 걸까? 아니면 따로 보관되었다가 나중에 땅속에 묻히는 걸까? 답은 '깨끗한 물로 정화한 뒤에 강으로 흘려보낸다'이다.

그 과정을 간단히 살펴보면 다음과 같다. 수세식 화장실이 설치된 각 가정집이나 산업체 등에서 발생하는 분뇨는 정화조 또는 오수 처리 시설에서 1차 처리된다. 이후 하수관망을 따라 하수 종말 처리장으로 이동되어 수질 기준에 맞게 최종 처리된 다음, 한강 등의 공동 수역에 방류된다.

그렇다면 정화조가 없는 재래식 화장실에서 발생하는 분뇨는 어떻게 처리될까? 지금은 찾아보기 힘들지만, 예전에 흔히 'X차'라고 부르던 분뇨 수거 차량을 통해 전량 수거된 이후에 분뇨 처리 시설에서 최종적으로 처리된다.

Q 치약으로 변기의 악취를 없앨 수 있다?

화장실 변기에서 역한 냄새가 나는 경우가 있다. 이럴 때 보통은 향이 진하게 나는 화학제품을 사들여 처치를 하겠지만, 이보다 상황을 간단히 해결할 방법이 있다. 바로 치약을 활용하는 것이다.

제품마다 차이가 있긴 하지만, 치약에는 기본적으로 세척에 필요한 연마제, 곰팡이와 박테리아 번식을 막는 방부제, 독한 냄새를 잡아주는 방향제가 들어 있다. 따라서 치약을 물에 풀어 변기에 쏟아부었다가 10분 뒤에 물을 내리면 신기하게 변기의 악취가 사라지는 효과를 볼 수 있다.

 막힌 하수구는 굵은 소금 한 주먹으로 간단히 뚫는다?

하수구가 막혀 물이 잘 안 내려간다면 주방 필수품인 굵은 소금으로 뚫어보자. 굵은 소금 한 줌을 뿌리고 뜨거운 물을 부으면 된다. 화학제품인 'oo뻥'만큼이나 효과가 좋다. 하수구를 막히게 만드는 주원인은 단백질과 지방으로 이루어진 산성 성분인데 알칼리인 소금과 만나면 중화가 된다.

굵은 소금은 이외에도 쓰임새가 많다. 욕실의 타일 틈새에 굵은 소금을 뿌린 뒤 솔로 문지르면 스크럽 효과로 물때가 제거되고 타일이 반짝반짝해진다. 또한 주방 싱크대나 선반 등에 굵은 소금을 비치하면 습기 제거제 역할을 한다.

Q 청바지는 왜 파란색일까?

청바지는 1940년경 미국에서 유행하여 전파되었으며 본래 용도는 작업용 바지였다. 샌프란시스코를 중심으로 일어난 골드러시 때 금광을 캐

현재의 청바지는 디자인을 중시한다

던 광부들이 주로 입었다. 튼튼하다 못해 너무나도 질긴 청바지 옷감은 대형 천막의 재료였는데, 납품이 불발되어 남아돌게 된 재료로 바지를 만들어 판매한 것이 청바지의 시초이다. 청바지는 이제 전 세계 남녀노소에게 사랑받으며 평상복, 통학복, 레저웨어 등으로 활용되고 있다.

그런데 청바지는 왜 파란색일까? 청(靑)바지라는 명칭 자체가 파란색 바지라는 의미고 영어로는 'Blue jeans'이다. 사실 그 이유는 간단하다. 데님(Denim)이라고 불리는 면 소재의 천에 '인디고(Indigo)'라고 하는 파란색 염료로 물들여서 청바지가 제작되어서다. 인디고 염료는 여러 식물로 만들어지며, 그중 남아시아 원산인 인디고(Indigofera속)와 동아시아의 쪽(Polygonum속), 유럽의 대청(Isatis속) 등이 대표적이다. 세계적으로 인디고의 연간 생산량은 5만여 톤인데 그중 95%가 데님 염색에 사용된다. 하지만

이런 천연염료만으로는 청바지 생산량을 감당할 수 없어 오늘날에는 합성염료가 주로 쓰인다.

 옷의 볼펜 얼룩을 우유로 지운다?

볼펜 잉크가 묻은 옷은 평소처럼 집에서 세탁하면 좀처럼 지워지지 않는다는 것은 누구나 아는 상식이다! 돈이 좀 들더라도 세탁소에 맡겨야 하지만, 이럴 때 저렴한 비용으로 손수 해결하는 방법이 있다. 바로 냉장고 속 우유를 활용하는 것이다.

우유를 적당한 용기에 담은 뒤 얼룩이 생긴 부분을 하룻밤 동안 담그면 얼룩이 사라진다. 이는 알칼리성인 우유가 잉크를 분해해 생기는 현상이다. 또한 먹다 남거나 유통 기한이 오래된 우유가 있다면 알칼리성이라는 점을 이용해 주방 청소에 활용해도 좋다. 세면대나 싱크대에 기름때, 찌든 때 등 끈적끈적한 산성 성분이 있다면 알칼리성 우유를 뿌려 중화시킬 수 있다. 때는 중화되면 흐물흐물 녹으므로 문질러 쉽게 제거할 수 있다.

 젖은 신발의 고린내를 동전으로 없앨 수 있다?

매일같이 비가 내리는 장마철, 아무리 조심히 걸어도 신발 안까지 젖기 십상이다. 이렇게 되면 신발에서 지독한 고린내가 난다. 그럴 때 지갑 속 10원짜리 동전을 몇 개 꺼내 젖은 신발에 넣어두자. 동전의 구리 성분이 냄새를 흡수한다. 참고로 구형 10원짜리 동전이 신형보다 구리 함량이 높아 더 효과적이다.

자연 건조로 젖은 신발을 빠르게 말리고 싶다면 맥주병을 활용하자. 맥주병에 신발을 꽂아 햇빛이 드는 곳에 놔두면 된다. 맥주병의 갈색 때문에 햇빛 흡수율이 증가해 그냥 말릴 때보다 2~3배 빨리 물기가 없어진다.

Q 주방 기름때는 맥주로 깨끗하게 닦아진다?

활용법을 알면 주방 청소할 때 요긴하게 쓸 수 있는 것이 바로 맥주다. 이제부터는 마시다가 애매하게 남은 김빠진 맥주가 있다면 그냥 버리지 말고 알뜰하게 써보자. 튀김이나 부침 등 기름이 많이 들어가는 요리를 하면 주방 여기저기에 기름이 튀는데, 이를 말끔히 청소하기가 쉽지 않다. 그럴 때 행주나 키친타월에 맥주를 묻혀 닦으면, 맥주의 알코올과 탄산 성분이 기름때를 분리해 보다 쉽게 기름때를 없앨 수 있다.

국내 알코올 소비량 2위 맥주

냉장고의 악취를 소주로 퇴치할 수 있다?

    냉장고 관리를 소홀히 하면 악취가 금방 난다. 더군다나 한식의 특성상 김치, 된장, 마늘 등 강한 냄새의 식자재가 냉장고에 보관되기 마련이니 더 주의해야 한다. 이렇게 냉장고에서 안 좋은 냄새가 날 때 집에 소주가 있다면 이를 활용해보자.

    소주병의 뚜껑을 열어 냉장고 안에 잘 넣어두기만 하면 끝! 이렇게만 해도 악취가 많이 사라진다. 소주의 알코올 성분이 안 좋은 냄새를 없애주는 것이다. 그뿐만 아니라 알코올은 휘발성이라 알코올 특유의 냄새는 금방 사라진다. 살균 작용까지 하므로 두 마리 토끼를 잡는 셈이다. 흔히 냉장고 안은 온도가 낮아서 세균이 번식할 확률이 낮다고 생각하는데 의외로 저온에서도 강한 번식력을 가진 세균들이 많다. 그러므로 식중독 예방을 위해서 냉장고 관리를 주기적으로 하는 것이 중요하다.

 소다수만 있으면 꽃병의 꽃을 오래 볼 수 있다?

    유명 개그맨 유 모 씨가 예비 신부에게 장미꽃 1,000송이로 만든 꽃다발을 선물해 SNS에서 화제가 된 일이 있다. 그런데 '그깟 장미꽃 화병에 꽂아봤자 하루 이틀이면 시들어버릴 텐데' 하는 반응이 많았다. 하지만 소다수 약간만 있으면 이 같은 고민은 쉽게 해결된다.

꽃병에 소다수를 조금 넣어보자. 꽃이 물을 훨씬 더 잘 흡수해 쉽게 시들지 않는다. 얼마나 효과가 탁월한 지 30분만 기다려도 꽃에 금방 생기가 도는 모습을 확인할 수 있다. 또한 소다수의 제균 작용으로 인해 꽃병의 물이 쉽게 썩지 않는다. 참고로 관엽식물 화분에 있는 잎을 소다수로 닦아내면 윤기가 되살아나기도 한다.

 각설탕 하나면 먹다 남은 과자도 바삭하게 보관할 수 있다?

과자를 먹다 보면 남기는 경우가 허다하다. 이렇게 먹다 남은 과자를 잘 보관하려면 어떻게 해야 할까? 각설탕 한 알만 있으면 해결할 수 있다. 밀폐 용기에 남은 과자와 각설탕 한 알을 함께 넣어두기만 하면 된다. 각설탕이 밀폐 용기 내부 습기를 빨아들이는 제습제 역할을 해서 과자를 바삭바삭하게 보관해준다.

 말라비틀어진 식빵을 다시 촉촉하게 하는 비결이 있다?

갓 구웠을 땐 온 가족이 맛있게 먹겠지만 말라서 딱딱해지면 처치 곤란인 식빵. 그런데 딱딱해진 식빵을 새 식빵 사이에 넣어두면 놀랍게도 부드러워진다. 이런 현상은 세상에 존재하는 모든 수분에 있는 평형을 이루려는 성질 때문에 일어난다. 새 식빵의 수분이 마른 식빵으로 이동하는 것이다. 갓 나온 식빵의 평균 수분 함유량은 전체 구성 성분의 3분의 1이 넘는 37%이기에 가능한 일이다.

 '밥 배, 디저트 배가 따로'라는 말이 사실이다?

우리는 밥을 배부르게 먹은 다음에도 과일 디저트나 커피를 잘 먹곤 한다. '밥 배와는 따로'라고 하면서 말이다. 그런데 핑계로 여겨졌던 이 말은 과학적으로도 근거가 있다.

2002년 일본 기오대학교 건강과학부 야아모토 다카시 교수의 연구에 따르면 이것은 식욕을 관장하는 오렉신(Orexin)이란 물질의 작용 때문이다. 오렉신은 뇌의 시상하부에서 분비되는데, 실험에서 쥐에 투여하니 위에서 십이지장에 가까운 부위가 오그라들고 식도에 가까운 부위는 느슨해졌다. 결과적으로 위 안의 음식물이 십이지장 쪽으로 보내지고 위의 입구 근육이 느슨해져 음식물이 새롭게 들어올 공간이 만들어지는 것이다. 그런데 단 것을 보면 인간의 뇌 시상하부에서는 오렉신이 분비된다. 밥을 먹고 난 다음에도 얼마든지 디저트나 커피를 마실 수 있는 이유다.

Q 적도에 가면 더 날씬해진다?

같은 무게라도 지구 어디에서 재느냐에 따라 달라진다는 사실을 아는가? 비록 그 차이는 미미하지만 분명 차이가 있다. 대략 남북극에서 몸무게가 60㎏인 사람은 적도에서 59.7㎏으로 측정되며 즉, 300g 정도 몸무게가 줄어든다.

북극곰이 좀 더 뚱뚱하다

왜 그럴까? 무게는 지구가 당기는 힘을 말한다. 그래서 무게는 지구가 당기는 힘이 변하면 변할 수 있다. 'kg'은 질량의 단위이지 무게의 단위가 아니다. 따라서 엄밀히는 'kg중'이라고 표기하는 것이 옳다. 그런데 지구의 지름은 남북극과 적도가 서로 다르다. 지구는 완전한 구체가 아닌 타원형이어서다. 적도의 지름은 1만 2,756㎞, 남북극의 지름은 1만 2,714㎞로 남북극의 지름이 42㎞ 더 짧다. 지구가 당기는 힘, 즉 중력이 곧 물체의 무게다. 뉴턴의 만유인력의 법칙에 따르면, 거리가 짧을수록 당기는 힘이 더 세다. 그래서 남북극에서는 더 무거워지고, 적도에서는 더 가볍게 된다.

다이어트에 도움되는 착한 탄수화물도 있다?

　다이어트의 최대 적으로 꼽히는 탄수화물에도 '착한 탄수화물'이 따로 있다. 바로 '저항성 녹말(Resistant starch)'이다. 이것은 체내에서 소화 효소에 의해 잘 분해되지 않는 녹말을 가리킨다. 저항성 녹말은 위에서 소화되지 않고 장으로 내려와 미생물에 의해 발효된다. 위에서 소장을 거쳐 내려오는 속도가 늦기 때문에 조금만 먹어도 포만감을 오래 유지할 수 있다. 그리고 일반 녹말의 열량이 1g당 4kcal(킬로칼로리)인 반면 저항성 녹말은 1g당 2kcal로 절반 수준이다.

　그렇다면 저항성 녹말 식품으로는 어떤 것이 있을까? 감자와 고구마, 콩류, 딸기류 및 사과류, 셀러리, 브로콜리, 당근 등 채소류, 생선류 등에 저항성 녹말이 풍부하게 함유돼 있다. 특이하게도 밥뿐만 아니라 고구마, 감자, 빵 등은 조리 후 차갑게 식힐수록 저항성 녹말이 많아지므로 다이어트 중이라면 이런 음식은 뜨거운 상태로 먹지 말고 식혀 먹는 것이 좋겠다.

 감자는 살찌는 탄수화물 덩어리가 아니다?

　감자튀김이 패스트푸드점의 주요 메뉴다 보니 언뜻 감자는 기름진 음식으로 여겨지지만, 실상은 그렇지 않다. 오히려 감자는 저칼로리 식품이자 건강식품이다.

　미국 예일대학교 그리핀예방연구센터에서 식품의 건강 가치를 평가했다. 5만 개 식품을 평가한 결과에 따르면, 100점 만점에 감자는 93점을 받았다. 이 평가에서 건강식품으로 널리 알려진 현미도 82점을 받았다. 감자는 사과의 3배 이상의 비타민 C를 함유하며, '칼륨의 왕'으로 알려진 바나나보다도 칼륨이 높다는 점 등이 높이 평가되었다. 또한 감자는 체중 조절에 효과적인 식품이다. 100g당 고구마가 128kcal라면, 감자는 그 절반인 66kcal 정도다. 또한 지방 분해가 촉진되고 소화 속도가 늦은 저항성 전분이 많이 함유되어 감자를 섭취하면 오랫동안 배가 고프지 않다.

 트림은 입으로 뀌는 방귀다?

　트림은 왜 하는 걸까? 사람들이 일반적으로 생각하는 것처럼 위나 장에서 가스가 차올라 생기는 것이 아니라, 입으로 삼킨 공기가 주원인이다. 사람이 음식을 먹을 때 공기도 함께 삼킨다. 게다가 위는 열심히 음식물을 소화하면서 가스를 발생시킨다. 어느 정도 시간이 지나면 음식과 함께 들어온 공기에 소화 과정에서 발생한 가스까지 합쳐져 공기의 양이 많아진다. 그러다가 공기가 역류하게 되는데, 좁은 식도를 통해 역류하기 때문에 이상한 소리가 난다. 이게 바로 트림이다. 그래서 트림은 장에서 음식물의 발효에 의해 만들어진 가스인 방귀와는 전혀 다르다.

혹시 트림을 자주 한다면 식습관을 바로잡으면 된다. 음식을 급하게 먹거나, 먹을 때 말을 많이 하면 공기가 입으로 더 많이 들어가기 마련이다. 또한 기름진 음식이나 밀가루 음식은 소화에 오랜 시간이 걸리므로 가스 발생량도 많아져 트림이 더 자주 나온다. 탄산음료 역시 트림을 유발하는 식품이다.

 마늘 때문에 나는 입 냄새에는 사과가 특효약?

요리할 때 마늘 등의 재료를 넣으면 음식의 맛과 향이 한층 깊어진다. 그런데 식사 후에 입 냄새를 피하기 어렵다는 단점이 있다. 과연 이럴 때 입 냄새를 빨리 없애는 방법은 무엇일까?

미국 오하이오주립대학교가 진행한 실험에 따르면 사과를 깨물어 먹으면 마늘에서 냄새를 일으키는 성분의 수치가 떨어진다. 사과에 들어 있는 특정 성분과 효소가 마늘 냄새를 일으키는 성분과 반응해 냄새를 줄어들게 하기 때문이다. 게다가 이 방법이 물로 구강을 헹구는 것보다 효과적이란 게 연구팀의 설명이다. 사실 마늘 냄새는 구강만의 문제가 아니다. 이미 위에서 소화가 된 마늘의 냄새까지 다시 입으로 올라오기에 이를 닦아도 냄새가 가시지 않는 것이다. 그런데 사과는 위에서 마늘과 반응해 불쾌한 냄새를 날려버리는 작용을 한다. 양치질로도 해결하지 못하는 입 냄새를 사과 한 조각으로 효과적으로 없앨 수 있는 이유다.

Q 누워서 떡 먹기는 정말 쉬워서 하는 말일까?

정답은 '맞다'이다. 신기하게도 누워서 밥을 먹어도 밥이 입안으로 넘어가 소화가 잘된다. 인간의 몸은 누워서도 밥을 먹을 수 있게 되어 있기 때문이다.

우리가 식사를 하면 음식이 입을 지나 식도, 위, 작은창자, 큰창자를 순서대로 이동한다. 이 과정 중 음식이 처음 우리 몸에 들어왔을 때 지나가는 기관은 입이다. 이가 음식물들을 잘게 부순 뒤에 음식은 식도로 지나간다. 식도에서는 주위에 있는 근육이 조였다 풀었다 하는 운동을 하면서 음식을 위로 보낸다. 그래서 사람이 누워서 음식물을 먹더라도 그와 상관없이 위로 음식물이 이동된다. 심지어 물구나무서기를 해도 위로 음식물이 보내진다. 음식물이 위를 거친 이후로는 작은창자, 큰창자를 지나며 영양분은 흡수되고 남은 찌꺼기에서 물을 빨아들여 딱딱한 형태로 만든 뒤 항문으로 배출된다.

라면의 짠맛, 달걀로 줄일 수 있다?

주방에서 달걀 단백질은 2가지 역할을 한다. 첫째, 다른 재료 속에 들어 있는 염분과 이온결합을 이뤄서 짠맛을 줄여준다. 둘째, 단백질 간의 소수성 상호작용과 이온결합으로 나타나는 단백질 엉김(Protein aggregation)을 일으켜 수분과 다른 재료들을 달라붙게 한다.

따라서 라면의 짠맛을 줄이고 싶다면 달걀을 활용하면 된다. 달걀 단백질은 대부분 음전하를 띤다. 반면 소금(NaCl)은 양이온(Na+)과 음이온(Cl−)으로 분리되는데, 양이온이 달걀 단백질에 달라붙어 전하를 상쇄시킨다. 그 덕분에 짠맛이 줄어든다.

왕란, 특란, 대란 중 과연 가장 큰 달걀은 무엇일까?

마트의 달걀 진열대를 보면 종류가 다양하다. 특히 어느 달걀이나 '왕란, 특란, 대란' 등의 표시가 있다. 소비자 입장에서는 모두 '큰 달걀' 정도로 생각하기 쉽지만, 이 표시는 엄격한 품질 관리에 따라 매겨지며 정확히 알면 생활에 도움이 되는 정보다.

달걀 (계란은 한자어다)

축산물품질평가원에 따르면 달걀은 크기와 무게에 따라 중량 규격을 5가지로 구분한다. '왕란, 특란, 대란, 중란, 소란' 순으로 크기가 크고 개당 가격도 높다. 그런데 달걀의 크기가 클수록 영양도 많고 더 좋은 제품일까? 그렇지 않다. 닭은 나이가 들면 몸집이 커진다. 그리고 몸집이 큰 닭이 낳은 달걀은 크기도 큰 경향이 있다. 등급 판정 달걀 중 특란은 70.8%, 대란은 28.1%, 왕란은 0.8%다.

 조류인플루엔자가 유행할 때 과연 치킨을 먹어도 될까?

조류인플루엔자(AI, Avian Influenza)는 닭, 오리, 야생 조류에서 인플루엔자 바이러스의 감염으로 발생하는 급성 바이러스 전염병이다. 인간이 조류인플루엔자에 감염될 가능성은 매우 낮지만, 만약 걸린다면 사망률이 60%에 달하는 아주 위험한 병이기도 하다.

그런데 조류인플루엔자가 유행하는 시기에 치킨을 사 먹어도 될까? 정답은 '먹어도 된다'이다. 인간이 조류인플루엔자에 감염되는 경우는 보통 조류의 사체를 만지거나 분비물에서 나온 바이러스가 호흡기를 통해 유입되었을 때다. 게다가 조류인플루엔자에 감염된 생닭은 살이 검붉게 변해서 유통 자체가 불가능하다. 그뿐만 아니라 세계보건기구에서도 조류인플루엔자에 걸린 닭을 익혀 먹으면 감염의 위험이 없다고 밝혔다. 조류인플루엔자 바이러스는 열에 약하다. 75℃ 이상 온도에서 5분 이상 익힐 경우 바이러스가 죽는다. 치킨을 튀길 때 기름의 온도가 보통 180℃ 이상인 점을 감안하면 치킨과 조류인플루엔자 감염은 별로 상관이 없다.

 설탕이 대중화된 건 아프리카 노예 때문이다?

유럽인들이 설탕의 존재를 처음 접한 것은 기원전 4세기쯤이다. 당시 이집트, 페르시아, 인도 북서부를 정복하여 대제국을 이룩한 마케도니아의 알렉산드로스대왕 시절의 기록이 남아 있다. 네아르쿠스 장군은 기원전 327년 인더스강 근처를 항해한 뒤 '인도에서 자라는 갈대는 벌의 도움 없이도 꿀을 만들어낸다. 인도인들은 그 즙으로 음료수를 만든다.'고 기록했다.

설탕은 사탕수수로 만든다. 사탕수수를 분쇄해 즙을 짜내서 졸이고 증류하는 과정을 거쳐 결정 형태의 설탕을 얻는다. 그런데 이 과정에는 엄청난 노동력이 필요하다. 이집트에는 사탕수수를 심어서 베기까지 28회나 물을 대야 했다는 기록이 있다. 또 사탕수수는 땅을 황폐하게 하는 성질이 있어 재배 지역을 자주 옮겨야 한다. 이런 점들 때문에 중세까지 설탕은 왕족이나 귀족만이 접할 수 있는 귀한 식자재였다. 대중이 설탕을 접하게 된 것은 16세기 이후였다. 아프리카 노예라는 값싼 노동력과 신대륙의 식민지라는 광활한 땅을 활용해 대규모 설탕 플랜테이션(Plantation, 기업적인 농업)을 시작한 덕분이다.

아이가 채소를 싫어하는 이유가 있다?

채소를 잘 먹는 아이는 드물다. 그런데 그 이유가 있다! 아이는 어른에 비해 미각과 후각이 예민하다. 특히 신생아 시기에는 입안 전체에 맛봉오리가 있다. 입천장, 목구멍, 혀 옆면 등까지도 미각 수용체가 있다. 이런 까닭에 어른이 맛보면 맹맹하고 싱거운 분유나 이유식도 맛있게 먹을 수 있다.

맛에 민감한 만큼 아이는 쓴맛을 어른보다 훨씬 강하게 느낀다. 특히 쓴맛이 있는 채소는 아이들에게 너무나도 맛이 없을 수밖에 없다.

태어날 때부터 인간이 엄청나게 많이 갖고 있던 맛봉오리는 10세쯤부터 점차 사라져 성인이 되면 1㎠(제곱센티미터)당 200개 정도만 남는다. 맛에 특별히 민감한 사람은 400개 정도에 이르는 데 인구 비율상 25%가 해당한다.

아보카도가 높은 인기 탓에 강이 말라가고 있다?

불포화지방산이 풍부해 건강과 미용에 효과가 좋다고 하는 슈퍼 푸드 아보카도. 우리나라에도 몇 년 전부터 본격적으로 수입되기 시작해 요즘에는 각종 요리에 사용되고 있다.

비타민과 미네랄이 많은 아보카도

아보카도 열풍은 전 세계적으로 일고 있다. 생산량이 수요를 따라가기 힘들 정도다. 2017년 주요 산지인 뉴질랜드가 폭풍 피해를 보아 아보카도의 작황이 부진하자, 호주 전역과 미국 남캘리포니아에서 30~40달러 하던 아보카도 한 상자가 120달러까지 폭등하기도 했다.

더 큰 문제는 아보카도로 인해 재배지에 가뭄이 들고 있다는 점이다. 아보카도 열매 하나를 키우는 데는 무려 320ℓ의 물이 필요하다. 같은 조건에서 오렌지는 22ℓ, 토마토는 5ℓ의 물이 필요한 것과 비교하면 엄청난 양이다. 또한 인간이 하루에 2ℓ가량의 물을 섭취하는 것과 비교해서도 마찬가지다. 이 때문에 아보카도의 주요 산지 가운데 한 곳인 칠레의 강줄기가 말라가고 있다.

비가 많이 온 해에는 왜 과일이 맛없을까?

추석 때쯤 되면 어른들이 "올해는 비가 많이 와서 상에 놓을 과일이 맛없겠다"든지 "가물어서 과일이 달다"는 말씀을 많이 한다. 어떻게 과일 맛을 예측할 수 있는 걸까? 과일의 당도를 결정하는 요소는 주로 3가지로 꼽힌다. 과일의 품종, 수확 직전에 받은 햇볕의 양(일조량), 토양이다.

비가 많이 온 해의 과일은 당도가 떨어진다. 일조량이 부족해서다. 일조량이 부족하면 잎에서 광합성이 활발하게 일어나지 않아 탄수화물 생산이 적어진다. 비가 많이 와도 밤에 오고, 낮에 햇볕이 쨍쨍하다면 과일의 당도가 떨어지지 않는 것도 일조량이 충분해서다. 복숭아는 수확 전 3~5일간 햇볕을 쬐어주면 당도가 높아지고, 사과나 배는 수확 전 2주일 정도는 햇볕을 충분히 쬐어줘야 당도가 높아진다. 포도도 2주 동안 햇볕을 쬐어야 당도와 색상이 충분해지고 씨알도 커진다.

과일 맛에도 기준이 있다?

일상에서 과일 맛을 얘기할 때는 '당도(糖度)'가 보통 기준이 된다. 그런데 '달다', '달지 않다'라는 단순한 표현 외에 더욱 전문적인 기준이 있다.

과일 100g에 포함된 당분의 양을 백분율(%)로 나타낸 것이다. 당도는 당도계로 측정하고 그 값을 브릭스(Brix)로 표시한다. 시중에 유통되는 품질 좋은 과일의 당도 평균치를 살펴보면 포도 15브릭스, 키위 14브릭스, 망고 11브릭스, 멜론 11브릭스, 파인애플 15브릭스, 자두 13브릭스, 오렌지 8브릭스, 귤 11브릭스, 사과 10브릭스 등으로 측정되었다. 수박의 경우 당도 11브릭스 이상이면 단맛이 좋은 편이다. 일부 대형마트에서는 이 기준에 맞춰 당도를 표기하고 있으니 장을 볼 때 확인해보도록 하자.

 바나나에 대해 여태껏 알려지지 않았던 사실들

지금까지 잘 알려지지 않았던 바나나에 대한 정보들을 살펴본다.

첫째, 바나나에는 우울증 치료제인 '프로작'과 비슷한 성분이 들어 있다. 그래서 바나나를 먹으면 기분이 조금 나아지는 효과가 있다.

둘째, 바나나의 영양 성분 중 가장 많은 비중을 차지하는 것은 수분이다. 바나나는 약 75%가 수분, 약 27%가 탄수화물, 약 1%가 단백질로 구성되어 있다.

셋째, 노란 바나나는 1836년 탄생한 돌연변이의 후손이다. 원래 바나나는 붉거나 녹색이었다.

넷째, 바나나는 나무에 열리는 열매가 아니다. 7m 가까이 자라는 세상에서 가장 큰 풀의 열매다.

 바나나가 멸종 위기에 처했다?

바나나는 현재 전염병으로 급속히 죽어가고 있다. 안타깝게도 아직 치료법을 찾지 못해서 제대로 손을 쓰지 못하고 있다. 왜 이런 사태가

칼로리가 높은 과일, 바나나

벌어졌을까? 재배되는 바나나에는 씨가 없다. 따라서 바나나는 땅속줄기(球莖)에서 나온 싹과 헛비늘줄기의 삽목에 의해 번식한다. 그래서 체세포복제처럼 어미의 유전자가 그대로 자손에게 전해져 상업적으로 균일한 상품이 만들어진다. 세계적인 바나나 기업들은 대량생산을 위해 상업용 바나나의 품종을 캐번디시종으로 단일화했다. 그런데 이 종이 지금 파나마병으로 급속히 죽어가고 있다.

1960년 이전에 주요 바나나 종이었던 그로 미셸종도 파나마병으로 이미 멸종한 바 있다. 아직 파나마병을 치료할 방법도,

캐번디시종을 대체할 새로운 종의 개발도 하지 못했다. 어쩌면 다시는 바나나를 먹지 못할 수 있다고 우려하는 까닭이다.

 귤에 붙어 있는 하얀색 섬유질은 영양 만점이다?

귤껍질을 벗긴 뒤 귤 과육 표면에 있는 하얀색 섬유질을 일일이 벗겨서 먹는 사람들이 있다. 하지만 영양학적으로는 그냥 섭취하는 게 좋다. 비타민 P가 들어 있기 때문이다.

이 하얀색 섬유질은 바로 전문 용어로는 '귤낭상근막'이고, 일반적으로 '귤락'이라고 한다. 귤 알맹이에 붙은 하얀 실, 귤락 귤껍질을 까면 알맹이를 하얀 실이 가득 덮고 있다. 이 귤락은 섬유질이라 입에 넣으면 까끌까끌하고 식감이 좋지 않아 떼고 먹는 사람들이 많다.

비타민 P는 먹는 것에서만 얻을 수 있고, 귤의 귤락과 포도와 사과의 껍질에 들어 있다. 비타민 P는 콜라겐을 만드는 비타민 C의 기능을 도와주고, 인체의 모세혈관을 튼튼하게 해주며, 혈액순환을 빠르게 하여 항균 작용 등 인체에 유익한 작용을 많이 한다.

 옥수수가 지구에서 사라진다면 대혼란이 벌어질지 모른다?

현재 미국 전 농지의 4분의 1이 옥수수 밭이고 세계 옥수수 수출량의 60% 이상을 미국이 차지한다. 옥수수의 가장 큰 용도는 사료다. 닭, 소, 돼지 등이 옥수수 사료를 먹고 대량생산된다.

옥수수는 가루 자체가 식자재이기도 하며, 전분화되어 식품업계에서 광범위하게 사용되고 있다. 과자류 대부분은 옥수수 전분으로 만들어진다. 이외에도 어묵 등 수산 제품, 햄, 소시지, 스튜, 소스, 제과, 이유식, 만두, 핫도그, 가공 통조림, 반(半)조리 식품 등에 옥수수 전분이 쓰인다. 많은 당류도 옥수수로 만들어진다. 옥수수 전분 용액에 산이나 효소를 첨가하여 가수분해시키면 분자사슬이 끊어져 조청이나 올리고당, 포도당 등 다양한 당류 물질이 생산된다. 옥수수를 이용해 만드는 당류 중 가장 놀라운 것이 고과당옥수수시럽(HFCS, High Fructose Corn Syrup)이다. 이것은 포도당 용액에 이성화효소를 처리해서 만드는데, 가격이 저렴한 데다 설탕보다 감미도가 높고 물에 잘 용해되어 탄산음료, 식이섬유 음료, 과즙 음료 등을 비롯해, 요구르트, 스테이크 소스 등 단맛이 나는 식품에 널리 사용된다. 옥수수 배아(씨눈)에서 짜낸 옥수수유도 식용유로 널리 쓰인다. 맥주도 옥수수에서 정제한 포도당을 알코올 발효하여 만든다.

이처럼 현재 지구에서 옥수수가 들어 있는 식품들은 끝도 없다. 오히려 옥수수가 들어 있지 않는 식품을 찾는 게 더 쉬울 지경이다. 따라서 옥수수가 지구에서 사라진다면 인간은 대혼란을 맞이할지도 모른다.

 화이트초콜릿은 초콜릿이 아니다?

엄격하게 따지면 '화이트초콜릿'이라는 말에서 '초콜릿'을 빼는 게 맞다. 그 이유를 알기 위해서는 초콜릿의 제조 과정부터 먼저 살펴봐야 한다.

초콜릿의 원료는 카카오다. 카카오 열매 속은 씨앗인 카카오빈으로 가득 차 있다. 이 카카오빈을 가공해 껍질을 벗기고 잘게 부순 것이 카카오닙이다. 요즘 카카오닙은 건강식품으로 인기가 높다. 섭취하면 지방을 배출하고 피부 미용에 효과가 있어서다. 하지만 씁쓸한 맛이라 요구르트 등에 곁들여 먹거나 제과, 제빵에 재료로 사용된다.

카카오닙을 곱게 갈아 걸쭉한 상태로 만들면 지방 성분인 카카오버터와 초콜릿 원액인 카카오매스로 분리할 수 있다. 2가지가 35% 이상 함유된 식품이 바로 초콜릿이다. 고급 제품일수록 카카오매스 함량이 높고, 카카오매스 대신 가공물질을 많이 배합할수록 품질이 좋지 않다.

초콜릿의 종류 가운데 다크초콜릿는 카카오매스와 카카오버터에 설탕을 첨가한 제품이다. 카카오매스가 많이 들어갈수록 색이 진하고 쓴맛이 더 난다. 그리고 밀크초콜릿은 다크초콜릿에 분유를 첨가한 제품이다. 카카오매스 함량이 다크초콜릿보다 낮아 부드러운 맛이 난다. 이에 비해 화이트초콜릿은 카카오매스가 들어 있지 않으며 카카오버터, 설탕, 분유로 제조되고 바닐라향이 첨가된 제품이다. 따라서 엄밀히 따지면 화이트초콜릿은 초콜릿이 아니다.

 하버드가 발표한 커피의 좋은 효능들

2016년 미국 하버드대학교 공중보건대학 연구팀이 커피와 우리 몸에 미치는 효능에 대한 연구 결과를 발표했다. 그에 따르면 커피에는 5가지 좋은 효능이 있다.

· **장기 기억력을 향상시켜준다:** 커피 컵 2잔에는 약 200㎎의 카페인이 들어 있는데, 이 정도 양이면 장기 기억력을 향상시킨다. 핀란드에서 나온 연구에 따르면 커피를 마시면 알츠하이머병과 치매에 걸릴 위험이 65% 감소하는 것으로 나타났다.

· **심장 기능을 원활하게 해준다:** 매일 200~300㎖의 커피를 마시면 휴식을 취할 때 혈류량이 향상돼 심장 기능이 더 원활해

진다. 네덜란드에서 나온 연구에 따르면 적당히 커피를 마시는 사람은 전혀 커피를 마시지 않거나 너무 많이 마시는 사람에 비해 심장 질환에 걸릴 위험이 20% 낮다.

· **간의 손상을 막아준다**: 커피 속에 카페인 성분 외에 탄수화물, 지방, 미네랄, 단백질 등 100가지 이상의 성분이 들어 있는데 이 성분들이 간을 보호하는 효과를 보인다. 커피를 마시면 단백질의 일종인 조눌린(zonulin) 분비가 늘어나 장 투과성을 향상시켜 해로운 물질을 걸러준다. 그만큼 간 손상도 막아주어 간 건강에 도움이 된다.

· **뇌에 영향을 미쳐 우울증을 감소시킨다**: 매일 커피를 마시는 여성은 우울증 발병 위험이 20% 낮아진다. 카페인 성분이 세로토닌이나 도파민 같은 뇌 화학물질에 영향을 주기 때문이다.

· **운동 효과를 더욱 끌어올린다**: 커피 속 카페인은 대사율을 높여 지방을 태우는 데 도움된다. 그리고 아드레날린 수준을 높여 신체 활동 능력을 향상시킨다. 특히 운동 전에 블랙커피를 마시면 유산소 운동이나 근력 운동 효과가 높아지는데 체중 1kg당 3mg 정도의 카페인(커피 1~2잔)을 섭취하면 적당하다.

Q 아이스크림은 반이 공기다?

아이스크림의 맛은 유지방과 설탕, 공기가 좌우한다. 이 가운데 설탕의 양은 보통 12~16%, 유지방은 10% 내외, 공기는 대략 20~50%를 차지한다. 특히 공기의 양에 따라 부피가 늘어나는 오버런(Over-run)은 아이스크림 제조 과정의 핵심이다. 아이스크림은 제조 과정에서 재료를 휘저어 공기가 들어가게 한 뒤 부피가 부풀면 냉각 장치를 이용해 급속 냉각시켜 만든다. 이때 공기와 혼합돼 재료의 부피가 커지는 현상이 일어난다. 아이스크림이 녹으면 부피가 확 줄어드는 이유가 바로 이 때문이다.

프리미엄 아이스크림일수록 오버런을 줄여 밀도가 높은 편이며, 일반적으로 아이스크림 제조의 가장 적당한 오버런은 80~100%다. 우리나라는 유지방 6% 이상, 유고형분 16% 이상이어야만 아이스크림으로 취급되며, 80~100%의 오버런 제품이 주로 유통되고 있다.

Q 캔, 페트병, 유리병 중 어떤 용기의 콜라가 맛있을까?

콜라는 담긴 용기의 성분에 따라 맛이 조금씩 다르다. 알루미늄 캔, 페트병, 유리병에 담긴 콜라의 맛에 대한 다음 내용을 읽은 뒤 각자 어떤 맛이 가장 맛있을지 판단해보자.

일단 콜라 캔은 알루미늄으로 만들어진다. 알루미늄 캔에 콜라를 담으면 이산화탄소 투과를 막아 콜라의 탄산이 쉽게 새어 나가지 않고, 열전도가 잘되어 냉장고에 넣으면 다른 용기에 비해 빨리 시원해진다. 그런데 알루미늄 용기를 만들 때는 안쪽에 폴리머 소재를 코팅하는데 이 소재가 콜라의 첨가물인 수용성 향미료를 소량 흡수한다. 따라서 콜라의 맛이 살짝 달라진다.

페트병은 저분자화합물이 중합해 생성된 고분자화합물인 중합체로 만들어진다. 이 소재는 이산화탄소가 쉽게 투과되는 특징이 있다. 그래서 콜라의 탄산이 빨리 새어나간다. 또한 페트병을 만들 때 중간 원료로 사용된 아세트알데하이드(Acetaldehyde)라는 성분이 콜라에 녹아들어 맛이 원래의 콜라 맛과 조금 달라진다. 이 성분은 인체에는 해를 끼치지 않는 것으로 알려져 있다.

유리병은 투명해서 내용물을 볼 수도 있고, 이산화탄소의 투과를 막아 콜라의 탄산이 덜 새어나가게도 해준다. 또 유리는 불활성 소재여서 콜라와 화학적인 반응을 주고받지 않아 콜라 본연의 맛을 가장 잘 유지한다. 다만 햇빛에 오래 노출되면 콜라 맛에 변화가 생길 수 있고, 용기가 쉽게 깨지는 단점이 있다.

Q 와인병 바닥은 왜 움푹 들어가 있을까?

와인병 바닥은 다른 음료의 유리병과는 달리 안쪽으로 움푹 들어가 있다. 이 부분을 가리켜 펀트(Punt)라고 한다. 와인을 담는 유리병에만 있는 펀트, 과연 왜 생겼을까?

국내 알코올 소비량 3위 와인

펀트는 일단 와인 침전물을 모으는 역할을 한다. 그래서 와인을 잔에 따를 때 불순물이 나오지 않는다. 또한 와인을 따를 때 펀트에 손가락을 껴서 안정감 있게 따를 수도 있다. 특히 탄산가스가 발생하는 스파클링 와인병에서 주로 펀트를 볼 수 있는데, 펀트가 깊으면 깊을수록 내부 표면적이 넓어져 병이 좀 더 강한 압력을 견딜 수 있기 때문이다.

Q 우유를 담은 종이팩은 어떻게 젖지 않는 걸까?

흔히 우유나 두유 종이팩이 젖지 않는 이유를 안쪽에 비닐이 있어서라고 생각하지만, 이는 사실이 아니다. 종이팩 포장재의 내부와 외부에는 폴리에틸렌(Polyethylene)이 발라져 있어 종이가 수분에 젖지 않는 것이다. 폴리에틸렌은 말랑말랑하고 잘 늘어나는 성질이 있어 포장재질로 널리 활용되고 있는 플라스틱이다. 인체에 무해하고 무미 무취이면서 내충격성과 가공이 좋고, 살균과 소독에 뛰어나 식품류의 포장재 제작에 이용된다.

한편 종이팩은 1915년 미국의 존 반 워머(John Van Wormer)가 고안했다. 그가 만든 우유팩은 직접 풀로 붙여 완성한 제품으로, 안쪽에는 방수를 위해 파라핀 왁스로 코팅을 했다. 당시에는 유리병 우유 제품이 일반적이었는데 생산 및 운송비가 만만치 않아서 종이팩 제품이 나오자마자 큰 인기를 끌었다.

Q 색 바랜 투명 플라스틱 용기의 색을 되돌리는 방법?

투명한 플라스틱 용기는 오래 사용하면 누렇게 변색하곤 한다. 특히 반찬을 담았던 용기들이 그렇다. 이럴 때 일명 '땅콩잼'이라고 불리는 땅콩버터가 있으면 활용해보자. 땅콩버터로 색 바랜 플라스틱 용기를 닦으면 색도 돌아오고 마치 새것처럼 광까지 난다. 이는 땅콩버터의 주성분인 지방질이 플라스틱 용기의 기름때를 녹이기 때문이다.

땅콩버터의 숨은 효능이 하나 더 있는데 바로 다이어트에 도움을 준다는 것이다. 땅콩버터는 볶은 땅콩으로 만들어지는데 볶은 땅콩은 나트륨 배출에 효과적이고 식이섬유가 풍부해 소량으로도 포만감을 느끼게 한다. 더불어 내장지방 감소에도 도움이 된다.

포크의 끝은 왜 네 갈래일까?

왜 일반적으로 포크의 끝은 네 갈래일까? 작은 디저트나 과일을 먹을 때 두세 갈래의 포크를 사용하기도 하지만, 널리 사용되는 포크는 역시 네 갈래짜리다.

본래 조리기구였던 포크

포크(Fork)는 '갈퀴'를 뜻하는 라틴어 푸르카(Furca)에서 유래되었다. 고대 이집트에서 의식용으로 쓰였고, 히브리어 성경에 등장할 만큼 포크의 기원은 오래되었다. 포크의 용도는 원래 냄비에서 삶은 고기를 건져 올리는 조리기구였을 뿐, 여러 갈래가 아니었다. 그러다 어느 때부터 두 갈래의 포크가 만들어졌다. 아무래도 끝이 두 갈래면 삶은 고기를 찍어서 고정하기가 쉽다. 이런 이유로 포크는 여러 갈래가 되었는데, 18세기 독일에서 이빨 4개짜리 포크가 탄생하기에 이르렀다.

보양식으로 인기 있는 문어, 왜 양식이 불가능할까?

동아시아 지역에는 대략 10종의 문어가 있고 우리나라에는 약 5종이 있다. 낙지, 주꾸미, 눈큰낙지를 제외하면 실제로 문어는 2종이 있다. 그중 동해에서 잡히는 대문어는 말리면 겉이 붉게 변해 피문어라고 불리며 껍질을 벗겨 희게 만들면 백문어라고 불린다. 일부 지역에서는 뻘문어라고도 한다. 남해에서 많이 잡히는 왜문어는 '왜(倭)'라는 글자가 일본을 의미하는 단어라서 참문어라고 개명되었으며 바위틈에 많이 산다고 해서 돌문어라고도 불린다.

문어는 타우린이 풍부한 식자재로 콜레스테롤을 낮추고 피를 맑게 하는 등 다양한 효능을 가지고 있다. 피로 회복에도 효과적이라 우리나라에서는 보양식으로 여겨지지만, 문어는 자연산밖에 없어서 값이 비싸다. 왜 문어는 양식을 하지 않을까?

사실 양식이 불가능하다. 문어는 알에서 깨어난 뒤, 물에 떠다니는 플랑크톤 상태로 살아가다가 제 모습을 갖춘 뒤부터 영역 싸움을 시작한다. 양식을 하게 되면 좁은 양식장 안에서 서로 영역 다툼을 하며 잡아먹기 때문에 한 장소에 몰아서 키우기가 어렵다. 분리된 공간을 이용해 양식하는 방법을 연구 중이긴 하지만 역시 개발 중일 뿐 대중적으로 산업화하기 어렵다.

Q 날이 더운 해에는 가을철 꽃게가 풍년이다?

여름에 유달리 더웠다면 그해에는 꽃게가 풍년일 가능성이 높다. 꽃게는 난류성 어종이라 수온이 높을수록 먹이 활동을 활발히 해서 빠르게 커진다.

이런 특성 때문에 꽃게는 양식으로 대량생산하기가 어렵다. 수온을 따듯하게 유지하는 게 관건이다. 식탁에 올릴 정도의 크기로 키우려면 먹이 활동을 활발히 하며 12회 넘게 허물을 벗어야 한다. 야생에서는 11번 허물을 벗은 뒤 겨울을 난다. 또 동물성 먹이를 먹기 때문에 먹이 공급도 어렵고, 동족끼리 서로 잡아먹어 양식에 적합하지 않다. 따라서 양식으로 키우기보다는 각 지자체 연구소에서 몸통 가로 길이가 1~2㎝인 어린 꽃게를 키워 바다에 300만~500만 마리씩 방류하는 방식으로 꽃게 어획량을 관리한다.

Q 고기를 먹고 체했을 때는 파인애플이 특효약이다?

파인애플은 각종 비타민과 다양한 영양소가 풍부한 대표적인 건강 과일이다. 그뿐만 아니라 파인애플은 여러모로 고기 요리와 궁합이 좋다. 일단 파인애플에 들어 있는 브로멜린(Bromelain) 성분이 고기를 부드럽게 하는 연육 작용을 해서 고기 양념을 할 때 사용하면 좋다. 같은 이유로 고기 먹고 체했을 때 파인애플을 먹으면 소화가 되어 속이 편안해진다.

 설탕으로 딸꾹질을 멈추는 비법?

딸꾹질하는 사람에게 흔히 "뭐 훔쳐 먹었니?", "뭐 숨기는 거 아냐?"라고 하는 데는 이유가 있다. 딸꾹질이 심리적으로 흥분한 상태인 사람에게 잘 나타나기 때문이다. 긴장 상태에서 호흡 근육과 횡경막이 갑자기 수축해 폐에 있던 공기가 외부로 배출되면 딸꾹질이 일어나기 쉽다.

영국 의학 학술지 『뉴잉글랜드저널오브메디슨』에 게재된 연구에 따르면 딸꾹질을 멈추는 데 설탕이 효과적이었다. 6주 동안 딸꾹질이 멈추지 않았던 20명에게 설탕 한 숟가락을 입에 넣고 삼키게 하는 실험 결과, 19명의 딸꾹질이 멈췄다. 혀가 강한 단맛을 느끼면 신경 근육이 새로운 자극에 반응하느라 발작적인 횡격막 근육이 가라앉아 딸꾹질이 멈춘 것이다. 실험과 별개로 딸꾹질이 하루 이상 계속되는 것은 분명 이상 증상이다. 다른 질환의 신호일 수도 있으니 민간요법으로 해결하려 들지 말고 병원에서 진찰받는 것이 좋다.

딸꾹질이 날 때 혀를 잡아당기면 멈출 수 있다?

딸꾹질이 쉽게 멎지 않을 때가 있다. 아주 드문 경우이긴 하지만, 기네스북에 오른 기록에 따르면 미국 아이오와주의 한 농부는 무려 69년 9개월 동안 딸꾹질을 했다고 한다. 이렇듯 무시무시한 딸꾹질을 멈추는 방법을 찾아보자.

딸꾹질은 뜨거운 것 또는 자극성 있는 것을 삼키거나, 식도나 위장에 장애가 있을 때나, 굉장히 놀랐을 경우 등 다양한 상황에서 하게 된다. 딸꾹질은 일시적으로 횡격막 및 호흡 작용을 보호하는 근육이 갑자기 수축할 때 나타나는 현상이다. 딸꾹질을 할 때 혀를 잡아당겨보자. 비인후부를 자극하면 성대 속에 공기가 들어가서 딸꾹질을 멈출 수 있다.

 내성발톱은 무좀, 노화, 비만 때문에 생기기도 한다?

손톱이나 발톱이 살 속으로 파고들어 염증과 통증이 발생하는 질환을 '내성발톱(Ingrowing nail)'이라고 한다. 내향성 발톱이나 조갑감입증

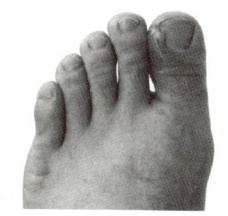

내성발톱은 10대가 가장 많다

이라고도 일컫는다. 흔히 내성발톱은 발톱을 잘못 깎아서 생긴

다고 여겨지지만 실제로 질환의 발병 원인은 다양하다. 무좀을 비롯해 앞굽이 뾰족하거나 딱딱한 신발을 자주 신 거나 발톱을 지나치게 바짝 깎는 경우, 그리고 노화나 비만에 따른 자연적인 발톱 모양의 변형도 원인으로 꼽힌다. 기본적인 치료법은 발톱을 신경 써서 잘라주는 것이며, 필요한 경우 약용 매니큐어를 발라 감염을 치료해야 한다.

 발이 저릴 때 30초 만에 해결하는 방법?

무릎을 꿇고 오래 앉아 있으면 다리가 저린다. 이는 다리 쪽 혈관에 충분한 혈액이 흐르지 못하기 때문에 나타나는 증상이다. 한의학에선 혈액을 원활하게 공급해주는 혈을 지압하면 저림이 사라진다고 하는데 다리를 X자로 교차하고 꿇고 있는 게 가장 손쉽고 확실한 방법이다. 그러므로 앞으로 예의범절이 중요한 자리에서 다리가 저릴 경우엔 마냥 참지 말고 양반다리를 해보자. 그 자리에 맞는 예절과 함께 건강까지 챙길 수 있을 것이다.

 호텔은 모든 숙박 고객에게 담보를 요구한다?

호텔을 이용할 때 무심코 지나쳤을 수도 있겠지만, 체크인 시

항상 프런트에서는 숙박객에게 신용카드를 요청한다. 예상되는 이용료의 100~150%를 카드 임시승인을 하기 위해서다. 왜 그렇게 할까?

호텔은 구조상 숙박객뿐만 아니라 호텔의 여러 시설을 이용하는 외부 고객도 많이 드나든다. 이렇듯 누구나 출입이 자유로운 호텔에서는 숙박객이 몰래 체크아웃을 해버리면 호텔의 손해가 크다. 이를 사전에 방지하려는 조치가 바로 카드의 임시승인이다. 일종의 담보로 숙박객이 정상적으로 체크아웃을 한다면 그때 취소가 된다.

 호텔 숙박료는 언제가 가장 저렴할까?

호텔에도 성수기와 비수기가 있다. 숙박업에서 성수기는 사람들이 활동하기 좋은 계절이다. 이에 비해 비수기는 춥거나 더워서 야외 활동을 하기 힘든 계절이다. 다만 여름 피서철과 연말연시는 예외다. 따라서 우리나라의 경우에는 비수기가 여름 7~8월, 겨울 11월 중순부터 이듬해 3월까지다. 이외의 기간은 성수기다. 그중에서도 5월과 10월은 극성수기에 속한다.

하지만 이런 구분은 우리나라에만 해당한다. 기후가 조금이라도 다른 나라에서는 성수기와 비수기가 또 달라지니 유의해야 한다.

 호텔의 일회용품은 그냥 가져가도 될까?

결론적으로 괜찮다. 다만 소모성인 제품만 그렇다. 호텔에 투숙하는 고객에게 제공되는 물품은 소모 제품과 재생 제품으로 나뉜다. 소모 제

재사용이 불가능한 호텔 일회용품

품은 샴푸, 린스, 비누, 슬리퍼 등이며, 재생 제품으로는 베개, 이불 등이 속한다. 이 가운데 소모 제품은 고객이 일단 열어서 사용하면 전량 폐기 처분을 하도록 정해져 있다. 따라서 이런 종류의 제품은 고객이 체크아웃 시 가져가더라도 무방하다. 만약 고객이 가져가지 않을 때는 호텔마다 정해진 방침대로 처분된다. 어떤 호텔은 고객이 손을 닦느라 한두 번 사용한 비누 등은 재포장하여 기부해 자원 활용에 동참하기도 한다.

 우동, 일본 음식일까 중국 음식일까?

우동은 한중일 삼국에서 모두 먹는 음식이다. 그렇다면 과연 어느 나라 음식일까? 일단 '우동(うどん)'이란 말 자체는 일본어

다. 그런데 일본어 우동의 기원을 중국어 '혼돈'이라고 본다. 혼돈은 얇은 밀가루 피에 고기소를 넣어 찌거나 끓인 음식인데 이것이 일본으로 전해져 '운동'이라 불리다 '우동'이 되었다는 것이다. 본래 만두와 비슷한 음식이었지만 이름만 살아남아 국수의 일종이 되었다. 이 음식이 다시 우리나라에 들어와 중국 음식점과 일본 음식점 모두에서 팔리고 있다.

2

신기하고 재미있는
과학 상식

Q 바닷물은 투명한데 왜 먼바다는 파랗게 보일까?

바닷물을 손으로 퍼 올려서 보면 투명하다. 그런데 왜 먼바다는 파란 걸까? 이렇듯 바다가 각기 다른 색깔인 이유는 빛의 파장 때문이다. 인간은 빛이 사물에 닿았을 때 발생하는 파장을 감지하여 색깔로 식별한다. 그리고 파장은 짧으면 짧을수록 파랗게 보인다. 바다로 들어간 빛은 부서지고 깨지면서 파장이 짧아져서 우리 눈에 먼바다가 파랗게 보이는 것이다.

Q 1초의 길이는 어떻게 정해졌을까?

국제 도량형 위원회에서 채택한 단위를 국제단위계라고 한다. 그중 시간의 기본 단위는 1초다. 그런데 1초의 정의는 지금까지 세 차례나 바뀌었다. 처음에 1초는 하루 평균 태양일, 즉 적도 위를 움직이는 태양에 지구가 자전하는 시간으로 나눈 것이었다. 하지만 얼마 지나지 않아 지구의 자전 속도가 조금씩 느려진다는 사실이 밝혀졌고, 다시 지구의 공전 주기를 바탕으로 1초를 산출했다. 공전 주기 또한 200년마다 약 0.5초가 짧아진다는 사실이 밝혀지고 말았다.

결국 1967년에야 비로소 절대적인 기준이 정해졌다. 세슘 133 원자가 발하는 스펙터클(빛을 분해하여 파장 순서로 늘어놓은 것)이다.

이로써 그 주파수인 약 92억 헤르츠의 길이를 1초로 정의하게 되었다.

 밤하늘의 별은 왜 빛날까?

　밤하늘을 아름답게 수놓는 별들 대부분은 스스로 빛과 열을 내는 '항성(恒星)'이다. 지구가 속한 은하계에는 항성이 약 2000억 개 있으며 태양도 그중 하나다.

　그런데 항성이 빛나는 것은 그 자체가 불타고 있어서가 아니다. 간단히 말하면 항성은 뜨거운 가스로 이루어진 구체다. 구체 중심부는 중력 때문에 가스 농도가 엄청나게 짙다. 그리고 핵융합이라는 격렬한 화학 반응이 일어난다. 가스에 포함된 수소의 원자핵이 4개씩 결합하여 잇달아 헬륨의 원자핵으로 변한다. 이때 빛이나 열 같은 큰 에너지를 방출한다. 즉 별은 거대한 수소 폭탄이 끊임없이 폭발하고 있는 것이나 마찬가지다. 그래서 지구에서도 밝게 빛나는 모습으로 보이는 것이다.

 우주비행사가 우주복을 입지 않으면 어떻게 될까?

　우주복은 우주비행사가 우주를 유영하는 동안 체내에 산소를 공급하고 체온을 조절하며 태양광선 및 운석으로부터 몸을 보호하기 위해 입는 옷을 가리키며, 정식 명칭은 '가압 방수복'이다. 그리고 무엇보다 우주복에는 우주비행사가 활동할 수 있도록 기압을 지구의 기압으로 맞춰주는 특수한 기능이 있다.

우주에는 지구와 달리 대기권이 없다. 그래서 기압이 매우 낮다. 그 때문에 사람이 우주에서 우주복을 입지 않으면 기압차로 인해 피가 부글

우주복 패션을 스페이스 룩이라 한다

부글 끓고 몸속의 장기들이 몸 밖으로 튀어나와 죽음에 이르게 된다. 따라서 우주복이 없다면 우주비행사는 아예 우주에서 생존 자체가 불가능하다.

Q 한쪽 귀를 막고 노래하면 왜 음정이 더 잘 맞을까?

시끄러운 곳에서 한쪽 귀를 막고 노래하면 확실히 음정을 더 잘 맞출 수 있다. 왜일까? 그 과정을 살펴보면 이유를 알 수 있다.

입을 통해 나온 소리는 양쪽 귀의 달팽이관으로 향하는데, 이때 막지 않은 쪽 귓구멍으로는 전달되지만 막은 쪽 귀의 귓구멍으로는 당연히 소리가 들어가지 못한다. 대신 머리의 미세한 진동을 통해 막은 쪽 귀의 달팽이관으로 소리가 직접 전달된다. 귀

로 들어온 소리는 다시 귓구멍을 통해 빠져나가는데, 한쪽 귀가 막힌 경우에는 빠져나가지 못한 소리가 남게 된다. 이런 원리로 결국 다른 사람의 목소리 속에서도 내 목소리를 잘 듣게 되므로 음정까지 잘 맞추게 된다.

 녹음된 내 소리와 실제 내 목소리는 왜 다르게 들릴까?

사람이 듣는 자신의 목소리는 공기로 전달되어 귓구멍 안으로 들어온 소리와 머리를 흔들어 나는 소리, 이 2가지가 합쳐진 것이다. 하지만 목소리를 녹음하면 공기에 전파된 하나의 소리만 기록되며, 재생했을 때 본인이 듣기에는 마치 자신의 목소리가 아닌 것처럼 이상하게 들린다. 하지만 녹음기에 녹음된 목소리야말로 다른 사람들이 듣는 진짜 자신의 목소리다.

 코가 막히면 귀까지 먹먹한 이유는?

손으로 코를 잡은 채로 침을 삼켜보자. 혹시 귀가 먹먹한가? 그럼 이번엔 코를 잡지 말고, 그냥 침만 삼켜보자. 그럼 먹먹했던 귀가 다시 뚫리는 걸 느낄 수 있다. 이것은 코와 귀 사이가 연결되어 있다는 사실을 확인할 수 있는 간단한 실험이다.

귀와 코가 연결된 길을 '이관(耳管)' 또는 '유스타키안 튜브

(Eustachian tube)'라고 한다. 이 이관은 평상시에는 닫혀 있다가 하품을 하거나 침을 삼키면 열려서 바깥 대기압과 고막 안쪽의 압력을 같게 해주는 역할을 한다. 사람들이 비행기를 탈 때 껌을 씹는 것도 이관을 열리게 하여 대기압과 맞추려는 노력이다.

Q 여자도 목젖이 있다?

사춘기의 남자는 목젖이 튀어나온다. 의학적으로 갑상연골이 돌출하는 것으로 이 부위를 후두융기 혹은 '아담의 사과(Adam's apple)'라고 부

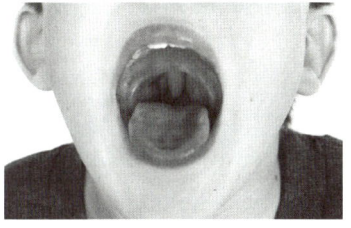

목젖이 큰 사람은 코골이가 많다

른다. 후두는 위로 구인두와 연결되고 아래로 기관과 연결되며 호흡, 발성, 기도 보호 작용, 연하 작용 등을 하는 중요한 기관이다. 남자에 이에 비해 여자는 외양적으로는 목젖에 변화가 없어 보인다. 사춘기 때 분비되는 성호르몬인 테스토스테론이 후두를 자극하여 후두가 두껍고 길어지기 때문이다. 그러므로 정확히 말하자면, 여성은 목젖이 없는 것이 아니라 겉으로 드러나지 않을 뿐이다.

탄 음식을 먹으면 진짜 암에 걸릴까?

탄 음식을 먹으면 암에 걸린다는 소리를 들어본 적이 있을 것이다. 결론부터 말하자면 이 주장은 사실이 아니다. 그렇다면 과연 왜 이런 이야기가 나오게 된 걸까?

세계보건기구와 유엔식량농업기구 등이 공동으로 설립한 식품첨가물 전문가 위원회에서 아크릴아미드란 성분을 발암물질로 규정했고, 식품을 120℃ 이상 가열했을 때 아크릴아미드가 단당류와 아미노산 중의 하나인 아스파라긴에 반응해서 만들어진다고 발표한 적이 있다. 이 발표를 근거로 탄 음식에는 아크릴아미드란 성분이 있고, 아크릴아미드는 발암물질이므로 탄 음식은 암을 유발한다는 주장이 나온 것이다. 하지만 이후 학자들이 실험을 해보니 아크릴아미드의 섭취량이 많은 직업군에서도 발암율에 차이가 거의 없었다고 한다. 즉, 탄 음식을 섭취해서 암에 걸릴 가능성은 매우 희박하다.

모든 동물이 소금을 반드시 먹어야 하는 이유?

동물이 소금을 필수적으로 섭취해야 하는 이유는 동물의 세포에는 소금 성분이 함유되어 있어서다. 인간의 체액에도 0.9%의 소금 성분이 들어 있다. 인간의 경우, 하루에 3g 정도의 소금을 섭취하면 건강에 이상이 없지만, 만약 섭취하지 못하면 생존에 위협을 받게 된다.

도대체 소금이 어떤 역할을 하길래 그럴까? 소금은 염화나트륨(NaCl)으로 구성되고 해리되어 나트륨(Na)과 염소(Cl)로 나뉜다. 이 중 나트륨은 고등동물의 세포외액에 주로 존재하며 세포내액에 존재하는 칼륨(K)과 균형을 유지한다. 두 무기질의 균형은 세포의 삼투압 평형에 관여해 생명 현상에 결정적인 역할을 한다. 신경세포의 전기적 신호를 전달하고 영양소의 흡수에 영향을 미치는 것이다.

만약 우리 몸에 나트륨이 부족하면 어떻게 될까? 체내에서 영양분이나 산소의 운반이 안 되고 신경자극이 전송되지 않으며 심장을 비롯하여 근육이 움직이지 않는다. 그뿐만 아니라 두통과 무기력, 현기증, 메스꺼움을 일어나고, 심지어 죽음을 맞이할 수도 있다.

 머리를 많이 쓰면 왜 배가 고플까?

뇌는 무게에 비해 매우 많은 에너지를 사용한다. 이를 과학적으로 설명하는 학설이 '비싼 조직 가설(The expensive tissue hypothesis)'이다. 1995년 영국 런던대학교 인류학과 레슬리 아이엘로(Leslie C. Aiello)와 피터 힐러(Peter Wheerer) 교수가 연구한 학설이다.

이에 따르면 인체는 여러 조직으로 구성되어 있다. 그런데 그중 유독 에너지를 많이 쓰는 비싼 조직이 있다. 바로 인체 중량의 7%를 차지하는 뇌, 심장, 신장, 간, 소화관으로 이들은 총에너지 중 70%를 사용한다. 이에 비해 인체에서 41.5%를 차지해 중량 비중이 가장 높은 골격근은 총에너지의 15%를 사용할 뿐이며 중량의 약 8%를 차지하는 피부가 사용하는 에너지는 1.7%에 불과하다. 그런데 뇌는 인체 중량의 2%를 차지할 뿐이지만 무려 총에너지의 20%를 사용한다. 따라서 공부를 열심히 한다든지 업무에 몰두하면 머리, 즉 뇌를 많이 쓰게 되고 에너지 사용량이 늘어나 배가 고파질 수밖에 없다.

Q 배가 고프면 우리 몸은 스트레스를 받는다?

2015년 옥스퍼드 사전에 신조어로 등재된 '행그리(Hangry)'라는 말이 있다. 이것은 '배고픈'이란 뜻의 헝그리(Hungry)와 '화난'이란 뜻의 앵그리(Angry)가 합성된 단어로, 배고파서 화와 짜증이 밀려오는 상태를 뜻한다. 그런데 이 단어는 그야말로 과학적으로 너무나 맞는 말이다.

인간이 음식으로 섭취하는 포도당은 뇌 활동의 필수 연료다. 포도당은 뇌의 집중력과 사고력을 돕고 자제력을 유지하게 만든다. 그런데 식사를 건너뛰면 뇌에 필요한 포도당이 급격히 떨어지면서 허기를 느끼게 되고, 배고픔이 장시간 지속하면 뇌는 스트레스 호르몬을 분비하기 시작한다.

만리장성이 오랜 세월 굳건한 이유는 찹쌀 때문이다?

중국의 만리장성은 중국 최초의 중앙 집권적 통일제국인 진나라 때 맨 처음 만들어졌다. 그러나 지금의 모습을 갖춘 것은 14세기 명나라 시절이다.

중국에서는 장성이라 부른다

계속 남쪽을 넘보며 침범하는 몽골족을 막기 위해서 명나라는 돌을 다듬어 단단하고 높게 다시 쌓아 올려 수백 년을 버티는 제대로 된 성을 만들었다. 그런데 이때 돌과 돌 사이에 흙이나 돌가루에 수숫가루와 찹쌀가루를 섞어 만든 찹쌀 몰타르를 발라 성을 쌓았다. 몰타르(Mortar)는 접착 반죽을 일컫는다.

고대 문명에서는 비교적 무른 돌인 석회석을 가루로 만들어 물에 개서 돌 사이에 바르는 것이 일반적이었는데, 명나라 때는 특이하게도 식자재인 찹쌀을 이용했다. 그런데 찹쌀 몰타르는 접착 효과가 탁월해서 각종 지진이 발생했을 때도 찹쌀 몰타르를 사용해 지은 건물이나 성벽은 무너지지 않았다고 한다.

 유럽에 있는 탑 대부분은 사실 무기 제조고였다?

유럽 곳곳에는 교회 탑, 시계탑, 성곽의 감시탑(Watch tower), 시청이나 교회의 종탑 등 탑이 정말 많다. 이 탑들은 고유 역할이 따로 있었으며, 전쟁 때는 방어 시설로 기능했다. 종탑에서는 적군이 쳐들어왔을 때, 재빨리 종을 울려 도심 전체에 위기를 알리고 감시탑은 적군을 감시하며 적을 향해 원거리 공격을 할 때 사용되었다. 또한 무기 제조고로도 사용되었다.

19세기 중엽까지 매끄러운 구형의 탄환을 만드는 것은 매우 어려운 일이었다. 그러다 하늘에서 자유낙하해 떨어진 물방울이 구형이라는 점에 착안해 탄환을 만들기 시작했다. 높은 첨탑에서 납을 녹여 방울로 떨어뜨리고, 탑 아래에 준비해둔 큰 수조에 이 방울을 떨어뜨린 뒤 가공하면 탄환을 신속하게 만들 수 있었다. 이후 각 도시에서는 탑을 더 많이 세우기 시작했고 이런 탑들은 탄환 제조탑이라는 의미로 '샷타워(Shot tower)'라고 명명되었다.

흑백텔레비전은 꿈도 흑백으로 꾸게 한다?

요즘 사람들은 대부분 총천연색의 꿈을 꾼다. 하지만 1940~1950년대 미국에서 실행한 조사 결과에 따르면 10% 정도만 천연색의 꿈을 꿨고, 대부분은 꿈을 흑백으로 꾸었다. 신기하게도 오히려 그 이전에 살았던 아리스토텔레스나 프로이트 등은 천연색의 꿈을 꿨다는 기록을 남겼다.

왜 20세기 중반에는 흑백 꿈을 꾸었을까? 이에 대해 미국 학자 에릭 슈비츠게벨은 영화나 텔레비전의 영향을 꼽는다. 흑백영화나 방송이 보편적이었던 당시의 경험이 꿈에 전이가 되었다는 것이다. 그래서 당시의 사람들은 잠에서 깨어난 뒤 원래 천연색이던 어젯밤 꿈을 무채색으로 기억해냈다고 분석했다. 슈비츠게벨은 최근 이 연구를 중국에서 진행했다. 중국은 도시에는 컬러텔레비전이 보급되었지만, 시골에서는 아직 흑백텔레비전을 보는 곳들이 있다. 연구 결과 도시인들은 천연색으로 꿈을 꾸는 데 비해 시골 거주자들은 무채색을 꾼다고 대답한 비율이 훨씬 높았다.

 꿈을 꿀 때 아이디어가 가장 잘 떠오른다?

소설가 프란츠 카프카는 1912년 여름에 명작 「변신」의 줄거리를 꿈을 꾸고 글로 옮겼다고 전해진다. 1844년 미국 보스턴에서 재봉틀을 발명해 거부가 된 일라이어스 하우스 또한 같은 경험을 했다. 재봉틀을 만드는 과정에서 해결되지 않는 문제로 골치를 앓던 차에 꿈속에서 실마리를 찾은 것이다. 1953년 유전 물질 DNA의 나선 구조 모델을 발표해 1962년 노벨상을 받은 생물학자 제임스 왓슨도 마찬가지다. 꿈속에서 원형 계단을 보고 영감을 얻었다.

깊은 밤 인간의 뇌는 창조적으로 바뀐다. 수면 시간이 길어지면 강렬한 꿈을 꾸는 렘 단계가 오래 지속하고, 뇌는 아이디어를 생산하기 적합한 상태가 된다. 머릿속에서 순환하는 아세틸콜린은 많아지고 노르아드레날린은 적어지는데, 이는 자유로운 연상을 할 수 있도록 돕는다.

 대표적 현대병인 불면증의 주원인은 스마트폰이다?

스마트폰이 각종 생활의 편의를 제공하지만, 때론 건강에 해를 입히기도 한다. 바로 '블루라이트(Blue light)' 때문이다. 블루라이트는 380~

최초로 터치 기능을 정착한 스마트폰

500㎚ 사이의 파장에 존재하는 파란색 계열의 빛이다. 특히 텔레비전과 컴퓨터 등 스마트 기기의 화면에서 많이 나온다. 블루라이트에 눈이 장시간 노출되면 쉽게 피로해지고 안구건조증이 발생한다. 또 시신경을 훼손하고 눈의 노화를 일으켜 시력이 낮아질 위험도 있다.

문제는 블루라이트가 스마트폰에서 텔레비전과 컴퓨터보다 최대 5배나 많이 나온다는 점이다. 잠자리에서 밝은 액정을 장시간 보고 있으면 뇌는 이 빛을 태양빛으로 착각한다. 그러면 수면 호르몬인 멜라토닌 분비가 줄어들고 뇌는 각성 상태가 되어 쉽게 잠들지 못하게 된다. 흔히 잠이 잘 오지 않을 때 스마트폰을 들여다보는데, 이런 행동이 더욱 잠을 쫓는 것이다.

 일찍 일어나는 게 청소년에게는 좋지 않을 수 있다?

2017년 노벨 생리의학상은 생체시계(Bio-clock)의 비밀을 밝혀낸 제프리 홀 교수, 마이클 로스바쉬 교수, 마이클 교수에게 돌아갔다. 3명의 과학자들은 초파리를 이용해 생체시계가 실제로 어떻게 작동하는지를 밝혀냈다. 생체시계는 수면, 각성, 혈압, 체온, 호르몬 등과 같이 보통 24시간의 주기에 따라 반복적인 패턴으로 나타나는 생체리듬을 조절하는 기관이다. 즉, 우리

인체에는 일종의 시계가 있어서 시간에 따라 인체의 생체리듬을 주관한다.

연구에 따르면 수면호르몬인 멜라토닌은 나이별로 다르게 분비된다. 어른과 어린이는 9시에 청소년은 이보다 2시간 늦은 밤 11시에 분비된다. 결국 아침 6시에 청소년이 기상하는 것은 새벽 4시에 어른이 기상하는 것과 비슷하다. 문제는 너무 일찍 일어나는 데 따른 부작용이다. 수면 부족은 교통사고를 유발하고, 업무 생산성을 떨어뜨리고, 수업 시간의 집중력을 떨어뜨리는 등 부정적인 결과를 초래할 수 있다. 미국인의 수면을 조사한 결과, 미국인의 5분의 2가 수면 부족으로 나타났다. 일찍 일어나 활동하는 것이 무조건 득이 되는 것이 아니므로 컨디션 조절을 할 필요가 있다.

 스포츠 경기에서 다친 선수에게 뿌리는 스프레이의 정체는?

텔레비전에서 축구, 농구, 배구 경기 중계 등을 보다 보면 다쳐서 자리에 주저앉은 선수에게 팀 닥터가 뛰어가 스프레이를 뿌리는 모습이 종종 나온다. 흔히 스프레이 파스라고 여기는 이것은 사실 파스가 아니다. 파스는 혈관을 확장하는 약물이다. 그래서 내출혈로 멍이 들고 부은 부위에 파스를 뿌리는 건 별 효과가 없는 조치다.

그러면 무엇을 뿌리는 걸까? 바로 아이스 스프레이다. 상처 부위를 차갑게 해서 혈관을 수축시켜 부기나 멍을 최소화하는 응급조치를 하는 것이다.

 운동화 밑창은 고무가 아니다?

운동화나 등산화의 폭신한 밑창을 단순히 고무로 여기는 사람들이 많은데 사실이 아니다. 이 밑창은 'EVA(Ethylene Vinyl Acetate Copolymer)'라고 불리는 화학 소재다. 에틸렌, 비닐, 아세테이트의 약어로 고무와 수지를 결합한 합성수지다.

EVA는 투명성, 접착성, 유연성 등이 우수해 스포츠용품과 문구류, 농업용 비닐, 각종 잡화류뿐만 아니라 태양광발전의 핵심인 태양전지 시트에도 사용돼 고부가가치를 창출하는 화학제품이다. 무엇보다 인체에 무해한 친환경 소재로 환경호르몬이나 어떤 유해물질도 배출하지 않아 유아용품으로도 사용될 만큼 안전해 여러 제품에 사용된다.

 양치질할 때 치약에 물을 묻히면 안 된다?

양치질할 때 치약을 짠 칫솔에 물을 묻히면 거품이 많이 일어서 양치하기가 쉽다. 쓱싹쓱싹 잘 닦이고 더 깨끗해지는 듯하다. 하지만 의학적 관점에서 이런 행동은 구강 건강에 도움이 되지 않는다.

치약에 물을 묻히면 충치를 예방하는 불소나 미백 효과를 내는 연마제 성분 등이 치아에 닿기 전 희석되어 제 기능을 하지 못할 수 있어서다. 또한 물을 묻혀 이를 닦는 경우 짧은 시간에 거품이 인다. 입안에 늘어난 거품은 양치질을 빨리 끝나게 만들어 치아를 구석구석 닦지 못하게 만들 수 있다. 반대로 치약 대신 마른 칫솔에 물부터 묻히는 경우가 있는데 이도 바람직하지 않다. 물을 묻히지 않은 마른 상태의 칫솔에 치약을 묻혀 칫솔질하는 것이 효과가 좋다. 물은 입안의 침만으로도 충분하다.

 충치의 주요 원인은 당분이 아니다?

치아를 손상하는 것은 사실 당이 아니라 '산'이다. 충치를 일으키는 주요 원인은 음식물인데, 정확히는 음식물이 치아에 오래 붙어 있을

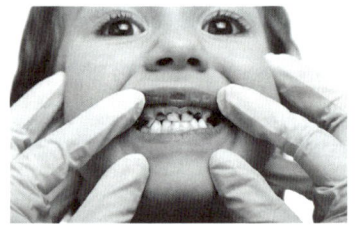

감기 다음으로 흔한 질병인 충치

수록 충치가 생길 확률이 높아진다. 이때 당은 충치균의 영양원

이 된다.

영국 킹스칼리지런던의 치아연구소는 1,000명의 성인 남녀를 대상으로 치아 연구를 했다. 정기적으로 사과를 먹은 군, 정기적으로 탄산음료를 먹은 군으로 나눠 상아질 손상 정도를 측정했는데, 정기적으로 사과를 먹은 군이 상아질 손상이 3.7배 더 많은 결과가 나왔다. 연구소는 음료를 마시는 것보다 사과를 먹는 데 시간이 오래 걸리기 때문이라고 밝혔다.

 근육은 기억력이 뛰어나다?

열심히 운동해서 근육을 늘린 사람이 한동안 운동을 하지 않으면 근육은 급속도로 사라진다. 위축되는 것이다. 영양 상태가 좋지 않아도 근육은 위축되기 쉽다. 만약 겉으로 봤을 때 비슷한 부피를 유지한다고 해도 기능 면에서는 떨어지기 마련이다.

그렇지만 근육의 구조 전체가 무너지지는 않는다. 일단 만들어진 근육은 운동을 다시 하면 빠르게 상태를 회복한다. 마치 이전 상태를 기억이라도 하듯 말이다. 따라서 운동을 얼마간 하지 않았다 해도 적절히 운동을 시작하는 게 좋다. 특히 근력운동은 중년, 노년의 사람들도 상당한 신체 능력을 유지하게 해준다.

냄새는 옛 기억을 잘 떠오르게 한다?

인간은 특정한 냄새를 맡았을 때 과거를 쉽게 떠올린다. 예를 들어, 향긋한 커피 향을 맡으면 스무 살 무렵 첫사랑과 함께 갔던 카페가 아련히 떠오르는 식이다.

이런 현상은 후각이 청각이나 시각과는 다르게 대뇌변연계(大腦邊緣系)에 직접 연결되어 있어서 벌어진다. 대뇌변연계의 편도체는 감정의 중추다. 순식간에 인간이 인식할 수 있는 거의 모든 심리적 상태를 불러일으킨다. 과거와 비슷한 경험을 하게 되면 이를 통해 옛 기억이 떠오르는 이유다.

 향수를 만드는 조향사라고 향을 더 잘 맡는 것은 아니다?

직업이 조향사나 식품개발원이라고 하면 냄새를 특별히 잘 맡을 거라든지, 맛을 남다르게 감별할 거라고 여기기 쉽다. 하지만 이런 기대는 완전한 오해다. 업계에서는 사실 예민한 후각이나 미각보다는 제품 개발에 대한 열정이 뜨거운 사람이 더 일을 잘한다고 한다.

게다가 예민한 감각은 오히려 일에 방해가 되는 편이다. 혀의 $1cm^2$당 미뢰의 수는 둔감한 사람이 100개, 보통 사람이 200개, 민감한 사람이 400개 정도다. 미뢰가 400개 정도인 사람은 일반적인 사람이 맛있어 하는 음식도 짜거나 쓰게 판별할 위험이 있다. 이렇게 되면 대중 입맛을 맞추기가 어려워서 제품 개발 업무를 맡는 것이 불가능하다.

 봄철 미세먼지는 30년 전이 더 심각했다?

봄철이면 기승을 부리는 미세먼지 탓에 텔레비전이나 인터넷으로 매일같이 기상 정보를 확인하고 마스크를 챙기는 일이 한국인의 일상이 되고 있다. 그런데 미세먼지는 최근 몇 년 사이가 아니라 예전부터 우리를 위협해왔다.

미세먼지란 아황산가스, 질소산화물, 납 등 유해물질을 포함하며 대기 중 떠다니거나 흩날리는 직경 10㎛(마이크로미터) 이하의 미세한 먼지를 가리킨다. 서울특별시 대기환경정보에 따르면 1988년 서울시의 미세먼지 농도는 2017년 서울시의 미세먼지 평균 농도와 비교하면 오히려 54.5%가 높았다. 2007년 서울의 미세먼지 평균농도 역시 지난해 농도보다 훨씬 더 높았다.

그렇다면 왜 최근에야 미세먼지가 사회문제로 주목받았을까? 2013년과 2014년 세계보건기구 발표에서 찾는다. 세계보건기구 산하 국제암연구소는 2013년 미세먼지를 1급 발암물질로 규정한 데 이어 2014년에는 미세먼지로 조기 사망하는 인구가

700만 명에 달할 것이라는 보고서를 발표했다. 이때부터 미세먼지에 대한 경각심이 대중에게 널리 퍼진 것이다.

 여름에 갑자기 쏟아지는 비, 동남아의 스콜과 뭐가 다를까?

최근 몇 년 사이 우리나라에는 여름마다 특이 현상이 벌어지고 있다. 쨍쨍하다가도 갑자기 비가 확 쏟아지곤 하는 것이다. 이를 두고 동남아시아에서 매일같이 볼 수 있는 '스콜'이라고 말하는 이도 있지만, 결론적으로는 아니다.

스콜이란 적도 부근의 열대 지방에서 한낮에 짧게 내리는 비를 가리킨다. 거의 매일 오후에 정기적으로 내려서 뜨거운 기온을 낮춰준다. 스콜은 땅에서 달궈진 뜨거운 공기가 급격히 하늘로 올라가면서 비구름을 만들기 때문에 생기는 현상이다.

이에 비해 우리나라에서 내리는 소나기는 생성 원리가 다르다. 소나기는 땅으로 불어오는 뜨겁고 습한 바람과 위쪽의 찬바람이 만나 충돌하면서 비구름을 만들며 내린다. 언뜻 소나기와 스콜은 비슷해 보이지만, 이처럼 비가 내리는 원리는 다르다.

 '대한이 소한의 집에 가서 얼어 죽는다'는 속담은 사실이 아니다?

24절기 중 23번째 절기인 소한(小寒)은 '작은 추위'라는 뜻과 달리 우리나라에서 1년 중 가장 추운 날이다. 소한(小寒)은 양력 1월 5일 무렵이며 음력으로는 12월에 해당한다. 태양이 황경(黃經) 285도의 위치에 있을 때다.

'대한이 소한의 집에 가서 얼어 죽는다'는 속담은 작은 추위를 뜻하는 23번째 절기 소한(小寒)보다 큰 추위를 뜻하는 24번째 절기 대한(大寒)이 덜 춥기 때문에 생긴 말이다. 절기 이름만 보면 큰 대(大)를 사용한 대한이 작을 소(小)를 사용한 소한보다 더 추울 것 같은데, 왜 이런 속담이 생겼을까?

태양력에 맞춰 기후와 할 일의 때를 24개로 나눈 것이 절기다. 그런데 이 절기는 기원전 1100년~기원전 256년 고대 중국 주(周)나라 시절에 만들어졌다. 주나라 영토는 대륙 안쪽, 즉 내륙인 황허(黃河)강 유역에 있었다. 따라서 비록 주나라 영토와 우리나라의 위도가 비슷하다곤 하지만 삼면이 바다인 한반도에 적용할 때는 오차가 발생할 수밖에 없다.

 왜 맨홀 뚜껑은 전부 둥근 모양일까?

맨홀 뚜껑은 동그란 모양이다. 왜일까? 그것은 뚜껑이 맨홀에 빠져 사고가 발생하는 것을 방지하기 위해서다. 잘못해서 사람이 떨어지거나 자동차 사고가 날 수도 있으니 맨홀 뚜껑은 관리자가 일부러 열지 않는 이상 절대로 열려서는 안 된다.

원은 원의 중심을 지나는 모든 방향의 길이가 똑같다. 그래서 원형의 맨홀 뚜껑은 바로 세우더라도 빠지지 않는다. 만일 사각형의 맨홀 뚜껑이 있다면 필연적으로 가로의 길이나 세로의 길이가 대각선의 길이보다 짧을 수밖에 없다. 그렇기에 사각형의 맨홀 뚜껑을 세로로 세웠을 때 맨홀의 대각선으로 빠져버리게 된다. 이는 사각형이든 오각형이든 마찬가지다.

철로 된 맨홀은 도난이 잦았다

타이어는 왜 전부 검은색일까?

타이어는 고무로 만들어진다. 그런데 천연고무가 아니라 합성 고무가 주재료다. 천연고무는 가격이 비싸고 농산물인 만큼 공급이 불안정하다. 또한 균열이 잘 일어나고 마모가 쉽게 되는 약점이 있다. 천연고무의 이러한 문제들을 해결하기 위하여 개발된 것이 바로 합성고무다.

그런데 타이어를 제작하려면 합성고무에 카본블랙을 혼합해야 한다. 카본블랙이란 일종의 그을음인데 고무에 혼합하면 기계적인 강도가 강해진다. 이때 바로 타이어가 검은색을 띠게 된다.

 비상구 표지판이 녹색인 이유는 무엇일까?

녹색은 명시성(明視性)이 아주 높은 색깔이다. 같은 조건에서 여러 색깔의 물체가 있으면, 녹색의 물체가 가장 눈에 띤다는 의미다. 심지어 어두운 밤에도 말이다.

이는 인간의 눈에 있는 간상세포 때문이다. 간상세포는 사람이 어두운 장소에서 물체를 볼 때 관여하는 세포로, 로돕신(Rhodopsin)이라는 색소 물질이 들어 있다. 로돕신은 녹색광을 잘 흡수해서 어두울 때도 인간의 눈에는 녹색이 잘 보인다. 이런 이유로 비상구 표지판은 어디에서나 녹색으로 통일하고 있으며, 군대에서 주로 사용하는 야간 투시경에도 녹색이 사용된다.

 자동차가 많지도 않은데 막히는 유령정체, 왜 일어날까?

귀성길 등 긴 구간을 운전하다 보면 딱히 막힐 일이 없는 곳인데도 극심한 정체를 보이는 구간이 있다. 차량이 한꺼번에 몰려서라지만 신호

뚜렷한 실체가 없어 유령정체라 한다

등도 없는 길이고 교통사고도 나지 않았는데도 차가 밀려서 일명 '유령정체'라고 불린다.

유령 정체는 왜 일어날까? 그 원인은 급정차와 차선 변경이다. 앞차가 속도를 줄이면 뒤차는 앞차가 줄인 속도보다 더 속도를 줄여야 하고 그 뒤의 차는 더욱더 많은 속도를 줄여야 한다. 특히 차량이 많은 도로에서 훨씬 뒤에 있는 차는 속도를 거의 멈춰야 한다. 차선 변경도 선두 차량이 차선을 바꾸면 주변 차량은 뒤로 갈수록 속도가 훨씬 저하된다. 그리고 앞차가 느리게 주행한다고 판단해 뒤차가 추월하려고 차선을 변경하면 연쇄적으로 차량 흐름이 안 좋아지기도 한다.

일본 도쿄대학교의 니시나리 가쓰리로 교수는 평소엔 추월차선을 달리는 것이 빠르지만 차량이 절대적으로 많으면 주행차선을 고수하는 것이 결과적으로는 약간 더 빠르다는 사실을 밝혀냈다. 실험상으로는 모든 차량이 최대한 급제동이나 차선 변경을 하지 않고 정속 주행을 하면 교통체증은 그리 심하지 않다. 하지만 심리적으로 차선 변경을 하지 않거나 정속 주행만 하기가 쉽지 않다. 이 때문에 전문가들은 무인차 보급이 활성화되면 교통체증이 획기적으로 줄어들 것으로 예측한다.

자동차에서 뛰어내릴 때 앞쪽, 뒤쪽 중 어디가 안전할까?

자동차를 운전하던 중 갑자기 브레이크와 핸들이 말을 듣지 않는다면? 더군다나 그대로 있으면 자동차와 함께 벼랑 아래로 추락할지 모른다면? 자동차에서 뛰어내릴 수밖에 없는 이런 급박한 상황에서는 과연 어떻게 뛰어내려야 할까?

이때 자동차 진행 방향으로 뛰어내리는 것은 매우 위험하다. 자동차에서 떨어진 몸은 '관성의 법칙'에 따라 자동차와 같은 속도로 나아가기 때문이다. 즉, 속도가 더 붙어서 땅에 세게 부딪히게 된다. 이럴 때는 뒤쪽을 향해서 뛰어내려야 한다. 그러면 속도가 떨어져서 땅바닥에 닿을 때 충격이 꽤 줄어든다. 또 하나 중요한 것은 뛰어내릴 때 어디를 보고 있는지다. 진행 방향에 등을 돌리고 뛰어내리면 착지와 동시에 뒤로 넘어져 머리가 부딪칠 위험이 크다. 정리하면, 자동차에서는 진행 방향 쪽을 보면서 반대쪽으로 뛰어내리는 것이 가장 안전하게 탈출하는 방법이다.

 겨울에 세차할 때는 차가운 물로 해야 한다?

겨울에 세차할 때는 차가운 물로 해야 자동차에 손상이 가지 않는다. 이는 증발 현상의 원리 때문이다. 추울 때 뜨거운 물에서는 유난히 김이 많이 난다. 물 표면에서 물이 수증기로 변하는

'증발'이 활발히 일어나서다. 즉, 뜨거운 물이 찬물보다 증발이 잘 일어나 물의 양이 더 많이 줄고 온도가 빨리 내려가서 결국 뜨거운 물이 더 빨리 언다. 그러니 겨울에 날이 춥다고 세차할 때 뜨거운 물로 하다가는 자동차 표면이 얼 수도 있다. 세차를 차가운 물로 해야 하는 이유다.

참고로 증발은 인간의 체온을 37℃로 유지해주는 주된 원리이기도 하다. 운동하거나 날이 더워서 몸이 뜨거워지면 뇌는 땀을 흘리라는 명령을 내린다. 땀이 나고 증발하면서 몸의 열을 빼앗기면 평소 체온을 유지할 수 있게 된다.

 비행기를 타면 왜 귀가 먹먹하고 때론 아플까?

비행기를 타거나 높은 산을 오르거나 엘리베이터로 건물 위로 올라가면 대기압이 낮아진다. 이럴 때 상대적으로 우리 몸의 이관(耳管)이 닫혀 있는 상태가 되어 낮은 대기압과의 압력 차로 귀가 먹먹해진다. 이때 먹먹해진 상태에서 벗어나는 효과적인 방법은 껌을 씹는 것이다. 껌을 씹으면서 입을 벌리거나 침을 삼키는 등의 행동들은 외부와 우리 몸 내부의 압력을 조절해준다.

비행기 사고의 생존율은 압도적으로 자동차 사고보다 높다?

대부분의 사람은 비행기 사고가 날 경우 생존 확률이 희박하리라 생각하지만 실제로 비행기는 인류가 발명한 가장 안전한 교통수단 중 하나다. AP통신사가 최근 미국 연방교통안전위원회(NTSB)의 사고 데이터를 분석한 자료에 따르면, 테러 등을 제외한 전 세계 상업용 비행기 승객 1억 명당 사망자 수는 약 2명에 불과했다. 영국의 BBC는 1983년부터 2000년까지 미국에서만 568대의 비행기가 추락했는데 이 비행기에 탔던 승객 5만 3,487명 중에서 5만 1,207명이 생존했다고 보도했다. 비행기가 추락했는데 무려 95%가 살아남은 것이다.

한편 비행기 사고는 이륙 3분, 착륙 8분의 시간에 가장 많이 발생하는데 이 시간을 '마의 11분'이라고 부른다. 그러므로 비행기 이착륙 시 안내 방송과 승무원의 설명에 귀를 기울이고 지시를 따르고 만약의 사태에 대비한다면 더욱 생존율을 높일 수 있다.

 비행기의 창문은 무려 삼중창이다?

비행기 창문에는 첨단과학이 적용되어 있다. 첫째, 비행기 창문은 둥근 모양이다. 보통 건물의 창이 네모 모양인 것과 다르다. 비행기는 난기류와 공기 저항을 피하고자 높은 고도에서 운항한다. 비행기는 온도와 기압 차가 많은 환경에서 비행하고 기상이 악화하거나 안팎의 기압 차가 커지면 기체가 충격을 받는다. 이 같은 충격에서 네모난 창문은 압력이 모서리로 집중되어 금이 갈 수 있다. 이에 비해 둥근 창문은 모서리가 없어 압력이 분산된다.

둘째, 비행기 창문에는 작은 구멍이 나 있다. 비행기 창문은 세 겹의 유리로 만들어지는데, 가운데 유리창과 바깥 유리창 사이에는 공기층이 있고 가운데 유리창에는 구멍이 있다. 기내의 공기압을 조정하는 역할을 하는 이 구멍은 흔히 숨통 혹은 흘림구멍이라고 불린다. 폭발 등 위급 상황이 일어나 기내 압력이 증가하면 이 구멍으로 압력이 밖으로 흘러 바깥 유리창만 깨지도록 설계되어 있다.

비행기 창밖의 풍경

사랑의 유효 기간은 30개월이다?

미국 코넬대학교 신시아 하잔 교수는 2년 동안 미국인 5,000여 명을 대상으로 '사랑의 유효 기간'에 대해 인터뷰를 진행했다. 그 결과, 열정적인 사랑의 수명은 평균 18~30개월이라는 결과를 발표했다. 또 사랑에 빠진 지 12개월쯤 지나면 열정이 50% 정도 감소한다고도 했다.

사랑에 빠지면 뇌의 가장 깊숙한 곳에 자리 잡은 미상핵 부위가 활성화된다. 그리고 일명 '사랑의 묘약'이라 불리는 도파민이 분비된다. 도파민이 샘솟으면 기쁨의 감정이 최고조에 달하고 웃음이 많아진다. 그런데 시간이 지날수록 미상핵의 활동은 둔화한다. 반면에 이성적 사고를 담당하는 대뇌피질의 활동이 활발해진다. 이른바 사랑의 콩깍지가 벗겨지는 순간이 오는 것이다. 신시아 하잔 교수에 따르면 사랑의 열정이 줄어드는 순간부터 반대로 애착의 강도가 올라간다. 애착은 꾸준히 쌓이며 편안하고 안정된 느낌을 서로에게 준다. 덕분에 사랑하는 사람들이 서로 헤어지지 않고 계속 함께할 수 있다.

그런데 왜 열정적 사랑의 유효 기간은 30개월일까? 진화심리학자들은 이런 해석을 내놓았다. 남녀가 사랑해서 아기를 낳고, 그 아기가 부모의 도움 없이 생존할 수 있으려면 최소 30개월 정도의 시간이 필요하다는 것이다.

 남을 도우면 내 건강도 저절로 좋아진다?

1988년 미국 하버드대학교 의과대학의 데이비드 맥클랜드 교수는 흥미로운 실험을 했다. 한 그룹은 돈을 받는 노동에, 다른 그룹은 아무런 대가가 없는 봉사 활동에 참여하게 했다. 이후 건강 검진을 했는데, 봉사 활동을 한 그룹의 면역 기능이 크게 상승했다. 또 다른 실험을 진행했다. 이번엔 실험 참여자들에게 마더 테레사 수녀의 활동 영상을 보여준 뒤에 면역 항체 수치를 확인했다. 이때 스트레스 지수가 내려가고 면역 기능 수치는 올라간 것이 확인되었다.

이처럼 남을 도우면 인체의 면역 기능이 크게 향상되는 것을 데이비드 맥클랜드 교수는 '마더 테레사 효과'라고 명명했다. 사람들은 일반적으로 남을 돕고 나면 흐뭇함이나 뿌듯함을 느낀다. 전문 용어로 '헬퍼스 하이(Helper's high)'라는 말이 있는데, 남을 도울 때 생기는 심리적 포만감 즉 '하이' 상태가 며칠 또는 몇 주 동안 지속한다는 것이다. 혈압과 콜레스테롤 수치가 현저히 낮아지고 엔도르핀이 정상치의 3배 이상 분비되어 몸과 마음에 활력이 넘치기 때문이다.

 대부분 사람은 보고 싶은 것만 본다?

안경을 쓰는 사람이라면 종종 경험할 것이다. 디자인이 다른 안경을 맞춰서 새롭게 쓰고 학교나 직장, 모임 등을 갔는데 자신과 아주 가까운 사람들도 이를 잘 알아채지 못하는 일 말이다. 이는 관심이 없어서도, 일부러 모른 체하는 것도 아니다. 정말 눈에 보이지 않았던 것일 가능성이 높다.

대부분 사람들은 가족이 집 안의 가구를 바꾸었을 때, 친한 사람의 외모에 변화가 생겼을 때, 바로 눈치를 채지 못한다. 이런 현상을 '변화맹(Change blindness)'이라고 한다. 인간의 눈은 새롭게 보이는 것 대신 기억에 의존해서 보기 때문에 일어나는 현상이다. 이를 두고 신경과학자 줄리오 토노니는 '눈은 셔터를 여는 장치에 부과하다. 보는 주체는 정신이다'라는 말을 하기도 했다.

Q 거짓말하면 코가 길어지는 피노키오 이야기가 나름 과학적이다?

피노키오는 이탈리아 작가 카를로 로렌치니(Carlo Lorenzini)가 1883년 발표한 동화 『피노키오의 모험(Le Adventure di Pinocchio)』의 주인공이다. 착한 목수 제페토가 나무를 깎아 만들어 피노키오라 이름을 붙였는데, 요정의 도움으로 사람처럼 말하고 행동하게 되고 모험 끝에 나중에는 진짜 사람이 된다. 특히 피노키오가 거짓말을 하면 코가 길어지는 설정이 아이들에게 큰 웃음을 주었다.

그런데 '거짓말을 하면 코가 길어진다'는 동화 속 설정이 과학적으로도 근거가 있는 사실로 밝혀졌다. 거짓말을 하면 몸속에서 카테콜아민이라는 화학물질이 분비되어 콧속 조직이 팽창하며 혈압도 상승한다는 것이다. 그리고 스페인 그라나다대학교의 연구진은 사람들이 거짓말할 때 코와 눈 쪽 온도가 높아진다고 밝혔다. 힘든 과제를 해결했을 때는 얼굴의 온도가 내려가지만 불안이 엄습하면 온도가 높아진다는 것도 확인했다. 이러한 현상은 두뇌의 '뇌섬엽'과 관련 있다. 뇌섬엽은 인간의 의식과 체온을 통제하고 조절하는 뇌 일부분인데, 거짓말을 하면 이 부위의 기능이 활발해진다. 그러면서 코 주변의 온도가 올라가 코를 팽창시켜 코끝이 가려워지고 사람들은 자연스럽게 손으로 코를 만지게 된다.

 귀여운 동물 사진이 인간의 집중력을 높여준다?

일본 히로시마대학교 연구진이 '귀여움의 힘'에 대해 연구한 결과에 따르면 사람은 귀여운 동물 사진을 볼 때 뇌의 집중도가 높아진다. 연구진은 크게 2가지 실험을 진행했다.

호기심은 뇌를 발달시킨다

첫 번째 실험에서는 대학생 130명을 두 그룹으로 나눠 한 그룹에는 귀여운 강아지와 고양이 사진을, 다른 그룹에는 귀여움과는 거리가 먼 사진을 약 90초 동안 보여주고 초소형 장난감을 핀셋으로 집어 올리게 했다. 그 결과, 귀여운 사진을 본 그룹은 사진을 보기 전보다 핀셋으로 집어 올리는 성공률이 44%나 증가했다. 두 번째 실험에서는 4개의 행과 10개의 열로 이루어진 행렬 중 특정한 숫자를 찾도록 했는데, 이때도 귀여운 사진을 본 그룹의 정답률이 15% 높았고, 다른 그룹의 정답률에는 변화가 거의 없었다. 실험 참여자들이 가장 큰 반응을 보인 귀여운 사진들은 작고 아기자기한 동물, 눈이 크고 동그란 얼굴을 가진 동물이었다. 연구를 이끈 히로시 니토노 교수는 "귀엽다는 감정이 사람의 호기심을 자극해 집중력이 높아지고, 뇌가 활발해져 학습 능력 향상에도 도움된다"고 밝혔다.

 무식하면 용감하다는 말이 과학적 근거가 있다?

'무식하면 용감하다'는 말은 과학적으로 맞는 사실이다. 이처럼 잘못된 결론에 도달하더라도 능력이 없기 때문에 실수를 알아차리지 못하는 현상을 '더닝 크루거 효과(Dunning Kruger effect)'라고 한다. 더닝 크루거 효과는 1999년 미국 코넬대학교 사회심리학과 교수 데이비드 더닝과 대학원생 저스틴 크루거가 알아냈다.

더닝과 크루거는 학생들에게 논리적 사고 문제를 풀게 하고 자신의 예상 순위를 맞춰보라고 했다. 그러자 성적이 낮은 학생들은 자신의 예상 점수를 높게, 성적이 높은 학생들은 자신의 예상 점수를 낮게 예측했다. 이런 과정을 통해 자신이 알고 있는 얄팍한 얕은 지식으로 섣부르게 판단할 가능성이 높아진다는 사실을 확인했다. 그런데 학문적으로 입증되기 전에 우리 선조들은 경험으로 이미 이 사실을 잘 알고 있었던 듯하다. '하룻강아지 범 무서운 줄 모른다'는 오래된 속담이 있는 걸 보면 말이다. 영국의 생물학자인 찰스 다윈 또한 '무지는 지식보다 더 확신을 가지게 한다'라는 같은 취지의 명언을 남겼다.

 스티로폼은 98%가 공기다?

가볍고 단열, 방음, 완충이 잘되어 포장재나 건축재로 널리 사용되는 스티로폼은 발포폴리스티렌(Expanded polystyrene)이라는 플라스틱 소재다. 폴리스티렌 수지에 펜테인, 뷰테인 등의 탄화수소가스를 주입한 뒤 증기로 부풀리면 바로 스티로폼이 된다. 무려 스티로폼의 98%가 공기로 구성되어 있다. 스티로폼에 공기를 주입할 때 사용하는 펜테인이나 뷰테인과 같은 탄산가스는 오존층을 파괴하는 프레온가스와는 달리 오존층을 파괴하는 염소 원자가 없고, 낮은 고도에서 급속히 분해되기 때문에 오존층에 영향을 주지 않는다. 또한 100% 재활용이 가능해 쓰레기 배출량은 줄이고 자원을 절약할 수 있는 장점이 있는 소재다.

Q 새집 증후군 못지않게 헌집 증후군도 무섭다?

새로 지은 아파트나 집 등의 벽지나 바닥재 등 건축자재에서 나오는 유해물질이 두통이나 피부염 등을 유발하는 새집 증후군(Sick house syndrome)의 폐해는 잘 알려져 있다. 그런데 헌집에서 사는 것도 폐해가 만만치 않다. 이른바 '헌집 증후군, 병든 집 증후군(Sick house syndrome)'이다.

오래된 헌집에서는 벽지와 장판 아래에 습기가 많아 곰팡이가 생기고, 오래된 배수관에서 나오는 메탄가스와 암모니아, 부엌에서는 일산화탄소, 이산화항 등을 내뿜는다. 난방기와 습기가 만든 고온다습한 집안 공기는 호흡기 질환과 두통, 구토, 현기증, 메스꺼움, 피부병 등의 원인이 돼 아토피나 알레르기, 천식, 소화 장애 등을 일으킨다.

헌집 증후군을 예방하는 가장 중요한 방법은 환기다. 공기청정기보다 자연 환기가 좋다. 하루 3번 정도 30분씩, 바람이 통하도록 마주 보는 창문을 열어둬야 한다. 그리고 옷장과 서랍장 등 모든 가구의 문을 열어놓으면 각종 유해 화학물질까지 배출할 수 있다. 또한 청소도 훌륭한 예방법 가운데 하나다. 침구류와 카펫은 먼지를 깨끗이 청소하고, 최소 일주일에 1회는 햇볕에 노출해 바짝 말려주는 것이 좋다. 배수구에 있는 음식물 쓰레기는 바로 처리하고, 낡은 배수관에는 식초를 부어 세균 번식을 막고, 곰팡이 제거제를 써서 곰팡이 번식을 막는 것 또한 효과가 있다.

Q. 겨울철 에어캡을 창문에 붙이는 것은 이글루 효과다?

겨울철 뽁뽁이를 집 창문에 붙이는 가정이 늘고 있다. 뽁뽁이의 정식 명칭은 에어캡인데, 이를 창문에 붙이는 것만으로도 난방비를 최대 30%까지 절약할 수 있다. 에어캡의 공기층이 열전도율을 낮춰 유리창을 통해 들어오는 냉기를 차단하기 때문이다. 유리보다는 공기가 열전도율이 적어서 외부 차가운 기운이 유리창을 통해 전달되는 것을 에어캡의 공기층이 감소시킨다. 이것은 극지방의

이누이트의 전통주택인 이글루

독특한 집 구조인 이글루에서도 찾아볼 수 있는 원리다.

　이글루는 눈과 물로 지어졌지만 놀랍게도 실내 온도는 평균 25℃를 유지한다고 한다. 지름 5m의 이글루는 한 사람이 2시간이면 지을 수 있을 만큼 간단한 건축물이다. 이글루를 지을 때는 눈을 압축하여 직육면체 형태로 만들어진 벽돌을 돔 형태로 쌓고 입구를 막는다. 그런 뒤 불을 피워 실내 온도를 높여준다. 그러면 실내 기온이 상승하면서 눈으로 만든 벽돌이 조금씩 녹기 시작해서 단단한 얼음으로 변한다. 이렇게 만들어진 이글루의 얼음 벽돌에는 무수한 공기 방울이 보인다. 일반적인 얼음과 달리, 눈으로 만들어진 이글루의 벽돌은 많은 양의 공기를 포함하고 있다. 그 덕분에 이글루 밖의 냉기를 막고, 실내의 따뜻한 공기가 외부로 유출되는 것을 방지하는 단열재의 역할을 한다.

 지우개는 이제 더 이상 고무로 만들지 않는다?

　연필로 글씨나 그림을 그리면 연필심에 들어 있는 흑연 가루가 종이 표면에 붙어 글씨나 그림이 생겨난다. 지우개는 종이에 대고 문지를 때 연필 자국인 흑연 가루를 잘 흡착해 함께 떨어져 나오는 특성이 있다.

　지우개는 영국의 화학자 조셉 프리스틀리(Joseph Priestley)에 의해 발명되었다. 1770년 어느 날 프리스틀리는 글을 쓰다 무심코 작은 고무로 글씨를 문질렀는데 글자가 지워지는 현상을 발견했다. 지우개가 '문지르다' 의미를 지닌 'Rubber'라는 이름을 갖게 된 것도 바로 이때의 발견에서 비롯되었다. 우리나라에서는 '고무'라는 표현을 사용하는데, 이는 프랑스어인 고므(Gomme)에서 온 말에서 왔다.

그런데 요즘의 지우개는 예전과 달리 고무로 거의 만들어지지 않는다. 대부분 플라스틱으로 제작된다. 플라스틱 지우개는 고무지우개에 비해 더 적은 비용으로 만들 수 있는 데다가 인쇄나 모양, 색상 등을 자유롭게 표현할 수 있는 장점이 있다. 다만 플라스틱 지우개끼리는 접촉하면 서로 재결합하기 때문에 이를 막기 위해 반드시 개별 포장이 필요하다.

Q 만년필은 갈대에서 힌트를 얻어 만들어졌다?

만년필은 1884년 미국인 워터맨이 최초로 제작했다. 그런데 만년필의 진짜 뿌리를 만나려면 훨씬 더 오래전으로 거슬러 올라가야 한다. 기원전 3200년부터 기원전 332년까지 3,000여 년 동안 존재했던 고대 이집트까지.

만년필의 펜촉은 닙(Nib)이라고 불린다. 잉크가 나오는 닙에는 공학적으로 기다란 홈과 구멍이 있는데 이를 통해 모세관 현상으로 잉크가 종이로 전달된다. 고대 이집트에서는 갈대펜을 만들어 썼다. 갈대 줄기를 비스듬하게 베어낸 뒤 끝부분을 세로로 갈랐다. 바로 이 끝부분이 현대 만년필의 닙과 같은 기능을 했다. 모세관 현상으로 끝부분의 갈라진 틈을 따라 잉크가 올라갔다. 세월이 흐르면서 재질은 점차 발전했다. 갈대는 7세기경 깃털로, 또다시 금속이 대신하게 되었다.

 과학으로 바닷물에서 소금을 얻는 방법이 엄청난 인류 대발견인 이유?

지금은 너무나도 흔하지만, 소금은 한때 '하얀 황금'으로 여겨졌다. 인간은 소금을 먹어야 생명을 유지할 수 있다. 동물을 사냥해 먹던 수렵 시절에는 동물로부터 염분을 섭취할 수 있었기에 소금 공급이 중요한 문제가 아니었다. 그러나 주식이 곡류로 전환되면서 소금은 인류가 애타게 찾아 헤매는 생필품 중 하나가 되었다.

3% 정도의 소금이 들어 있는 바다가 지구 면적의 70%나 차지하지만, 바다에서 소금 결정을 얻기란 쉽지 않다. 게다가 소금은 무거워서 운송하기도 어렵다. 이런 이유로 소금을 확보하는 사

람이나 국가는 그야말로 부를 거머쥘 수 있었다. 그러다 1970년대 일본이 전기투석법이라는 신기술을 개발하면서 소금 생산의 새 장을 열었다. 이로써 바닷물을 이온교환막에 통과시켜 정제 소금을 만들 수 있게 되었다. 또한 지구의 지하에 두꺼운 암염층이 존재한다는 사실이 새롭게 밝혀지면서 소금은 점차 흔해졌고 그 가치는 점차 떨어지고 말았다.

 최근 접한 정보가 가장 먼저 기억나는 이유가 있다?

사람은 필요한 정보를 기억에서 꺼내 자유롭게 활용하지 못한다. 대개 가장 최근에 접한 정보와 지식과 관련된 기억이 활성화된다. 예를 들어, 바로 얼마 전 제주도의 아름다운 자연을 여행하고 온 사람이라면 제주도 얘기를 할 때 자연을 연상하기 마련이며, 같은 제주도라도 대규모 공사 현장에 다녀왔다면 제주도 얘기를 할 때 공사판을 연상하게 된다. 이것을 '프라이밍 효과(Priming effect)', 즉 '점화 효과'라고 한다.

이 효과는 사람의 행동에 변화를 주고자 할 때 이용된다. 미국에서는 4만 명을 대상으로 프라이밍 효과를 검증했다. 6개월 이내에 새 차를 살 의사가 있는지를 묻고 결과를 살핀 것이다. 그랬더니 새 차 구매율이 35%나 상승했다.

Q 젊은 뇌를 이식하면 영원한 생명을 얻을 수 있다?

뇌공학 분야에서 인간이 영원한 생명을 얻을 수 있다고 말하는 학자들이 있다. 이 주장에 따르면, 인간이 자신일 수 있는 이유는 바로 뇌 때문이다. 그렇다면 육체가 늙거나 병들더라도, 뇌를 젊은 뇌에 이식하거나 뇌 회로를 기계에 업로드하면 삶을 이어갈 수 있다.

미국의 로봇 공학자이자 카네기멜론대학교 로봇공학 연구소의 한스 모라벡(Hana Moravec) 교수는 저서 『마음의 아이들』에서 이런 개념을 '마인드 업로딩(Mind uploading)'이라고 명명했다. 사람들이 보통 생각하는 형태의 영원한 삶은 아니지만, 뇌공학적으로는 나름 논리적인 의견으로 받아들여지고 있다.

Q 실패한 발명품이었던 순간접착제, 수많은 생명을 구했다?

1942년 미국 이스트먼 코닥의 화학 사업부에서 일하던 쿠버(Harry Coover) 박사는 투명한 플라스틱 렌즈를 만들기 위해 연구 중이었다. 시아노아크릴레이트(Cyanoacrylate)라는 물질로 실험하던 중 이것의 끈적끈적한 성질 탓에 난처한 상황에 빠졌다. 시아노아크릴레이트는 수분과 쉽게 결합해 단단하게 굳는 데 불과 10초밖에 걸리지 않는데 이 때문에 자꾸 실험이 실패하고 만 것이다. 하지만 쿠버 박사는 역발상으로 이 물질을 이용해 순간접착제를 개발했고 1968년 시장에 정식으로 제품을 내놓았다.

순간접착제의 탄생은 세상을 깜짝 놀라게 했다. 유리, 플라스틱은 물론 금속 소재까지 모든 물질을 순식간에 영구적으로 접착시켰기 때문이다. 그뿐만 아니라 시아노아크릴레이트는 의학용으로도 개발되어 많은 생명을 살렸다. 베트남전쟁 등에서 부상병들의 지혈을 신속하게 도와 과다출혈로 인한 사망을 예방한 것이다.

Q 보온병은 일반 사람들과는 관계없는 과학실험 도구였다?

1892년 스코틀랜드 출신의 화학자 제임스 듀어는 실험에 사용할 액체와 기체를 보관하기 위해 고민하고 있었다. 그러다 유리로 된 플라스크 2개를 겹치고 그 사이의 공기를 빼면 온도가 변하지 않는다는 사실을 알게 되었다. 듀어는 유리 기술자였던 레인홀트 부르거를 고용해 보온병을 개발해 실험에서 유용하게 썼다.

한편 부르거는 듀어의 의뢰로 만든 보온병이 가정용으로 쓰기에 괜찮겠다고 생각했다. 집에서 음식이나 음료를 따뜻하게 보관하기에 적당해 보인 것이다. 그래서 1903년부터 가정용 보온병을 만들어 판매하기 시작했다. 1904년에는 그리스어로 '따뜻한'이란 뜻의 '써모스(Thermos)'라는 상품명도 만들어 붙였다. 이것이 바로 세계적인 보온병 회사 써모스의 창업 스토리다.

보온병은 처음에는 대중에게 별 인기가 없었지만, 극지방이나 아프리카 대륙을 탐험하는 탐험가들이 유용하게 쓰면서부터 입소문이 나며 점차 생활필수품이 되어갔다. 지금도 써모스라는 상품명 자체가 보온병이란 뜻으로도 통하고, 최초 발명자인 제임스 듀어의 이름을 따서 '듀어병'이라고도 불린다.

3

꼭 알아야할
역사 상식

Q 한국은 세계에서 고인돌이 가장 많은 나라다?

우리나라는 전 세계에서 고인돌이 가장 많이 분포하고 있는 국가다. 한반도에는 고인돌이 4만여 개가 있는데 이는 전 세계 고인돌의 약 40%를 차지한다.

고인돌은 순우리말이다

한반도에서 고인돌이 다수 발견된 지역을 보면 강, 하천 기슭, 평탄 지역, 산 능선 등 주로 양지바른 곳에 분포되어 있다. 이와 같은 지형과 입지 등 자연적인 조건은 필연적으로 농경 조건과 일치한다. 쉽게 말해 고인돌이 다수 위치한 지역은 문명이 발달할 최적의 조건을 갖춘 곳이기도 하다. 그런데 유독 우리나라에 고인돌이 많은 까닭은 아직 제대로 밝혀지지 않았다. 다만 사후 세계에 대한 관심이 고인돌 건설로 나타난 것이라는 설이 있다.

고인돌은 순우리말로 돌을 괴어서 만든 것, 즉 '괴인 돌'을 의미한다. 어원이나 고인돌의 모양에서 알 수 있듯, 고인돌은 받침이 되는 바위를 세운 뒤 흙으로 덮어 언덕을 만든 다음에, 덮개가 되는 바위를 끌어 올려 흙을 다시 파내는 방식으로 만들어졌다. 고인돌과 함께 출토된 물품으로 볼 때 고인돌은 당시 유력자의 무덤이거나 제단, 기념물 등 여러 역할을 했던 것으로 여겨진다.

 중국 최고 문화유산인 만리장성, 도대체 왜 만들었을까?

중국 최초의 중앙 집권적 통일제국인 진나라(기원전 221년~기원전 210년)의 시황제는 기원전 220년 북방 민족의 침입에 대비하여 통합된 방어 산성을 짓기 시작했다. 중국에서 건국된 모든 국가의 걱정거리 중 하나는 몽골 고원에서 침입해 오는 유목민이었다. 특히 가을철 농사 수확기 때마다 유목민의 침입과 약탈이 반복되었다. 시황제는 이 같은 병폐를 막기 위해 전국 시대에 여러 나라가 쌓아뒀던 성을 2m 높이로 연결했다. 당시에는 대지가 한 변이 1만 리인 사각형이라고 여겨졌다. 이렇게 해서 건설된 성에는 북쪽 한 변을 따라 만들어졌다고 해서 '만리장성(萬里長城)'이라는 이름이 붙여졌다.

한편 만리장성처럼 길게 쌓은 성이 고려에도 있었다. 그 명칭은 천리장성(千里長城)으로, 그 축조 목적은 역시 동북 방면의 여진족, 서북 방면의 거란족을 방비하기 위한 것이었다.

 황제라는 명칭은 로마 제국의 카이사르가 원조다?

로마의 군인이자 정치가였던 카이사르(기원전 100년~기원전 44

년)는 갈리아(현재의 프랑스)와 브리타니아(현재의 영국 일부)를 정복한 뒤 군대를 끌고 로마로 향했다. 이때 그 유명한 "주사위는 던져졌다"는 말을 했다. 로마를 제압한 카이사르는 로마 제국의 황제가 되었다.

당시 카이사르의 권세가 얼마나 대단했는지 그의 이름은 곧 유럽에서 황제의 대명사가 되었다. '황제'를 뜻하는 독일어 '카이저'와 러시아어 '차르' 또한 카이사르에서 왔다. 하지만 권력은 영원하지 않았다. 카이사르는 기원전 44년 원로원의 폼페이우스 조각상 앞에서 공화 정치를 옹호한 카시우스롱 기누스, 브루투스 등에게 암살되었다.

 고대 로마의 몸짱 검투사들은 채식주의자였다?

로마나 그리스 시대를 배경으로 하는 할리우드 영화를 보면 검투사는 하나같이 대단한 근육질이다. 하지만 실제로 당시의 검투사는 그렇지 않았다고 한다. 독일의 빈대학교 역사학과 칼 그로스슈미츠 교수는 고대 로마의 대도시였던 에페수스를 발굴하다가 검투사들의 거주지, 매장지를 발견했다. 그로스슈미츠 교수는 뼈에 남은 물질과 문헌을 토대로 검투사들을 연구했는데 신기하게도 검투사들이 채식을 주로 했을 뿐 아니라 특히 보리와 콩을 많이 섭취했음을 밝혀냈다. 오래된 문헌에서는 검투사를 '홀디어리(Hordearii)'라고 일컬었는데 '보리를 먹는 사람'이라는 의미다.

검투사가 곡물 위주의 식생활을 한 것은 피하지방을 최대한 많이 만들기 위해서였을 것으로 여겨진다. 지방이 두툼해야 상대방의 칼에 상처를 입어도 좀 더 안전하다. 만약 할리우드 영화 속 모습처럼 근육이 발달한 몸이라면 어떨까? 칼이 스치기만 해도 근육이나 혈관이 손상되어 치명상이 입을 수 있어서 오히려 검 대결에서는 불리하다.

고대에는 구구단을 모르면 전쟁에서 이길 수 없었다?

구구단은 고대부터 군을 이끄는 지휘관의 필수 덕목이었다. 이것은 보병의 방진(方陣) 체계 때문이었다. 방진 체계란 군인들이 오(伍)와 열(列)에 맞춰 정사각형 진형을 만드는 것으로, 고대부터 거의 모든 전쟁터에서 쓰였다.

보통 가로 16명, 세로 16명이 오와 열을 갖춰 늘어서서 256명이 한 진이 구성되는데 긴 창을 들고 촘촘히 늘어선 병사들의 모습은 적군을 심리적으로 압도하고 또한 진형을 구성한 아군의 사기를 높였다. 따라서 적의 화살을 맞거나 전차에 밟혀 진형이

무너지면 지휘관은 재빨리 병사의 수를 헤아리고 곱셈 능력을 발휘해 다시 진형을 만들어야 했다.

 전 세계에서 일어난 끔찍한 대기근이 『삼국지』를 탄생시켰다?

중국의 위(魏), 촉(蜀), 오(吳) 세 나라의 역사서인 『삼국지』의 배경은 '황건적의 난'이다. 당시 중국은 후한 말기였는데 수년간 대기근이 이어졌다. 영제가 즉위하던 184년에 종교 집단인 태평도를 중심으로 대규모의 농민 봉기가 일어난 것이 바로 황건적의 난이다. 이를 계기로 결국 후한은 멸망했다. 그런데 당시의 대기근은 놀랍게도 중국에서만 일어난 것이 아니다. 전 세계적인 현상이었다. 지구의 역사에서 '소빙하기'였기 때문이다.

지구환경에 가장 큰 영향을 미치는 요인은 태양이다. 태양의 영향으로 지구의 온도는 변화한다. 지구의 자전과 공전으로 지구에 도달하는 태양복사에너지의 양과 도달 위치는 차이가 난다. 이런 이유로 인류의 진화가 일어난 지난 250만 년 동안 지구에는 적어도 17회의 극심한 빙하기가 있었고 빙하기와 간빙기 사이에 소빙하기가 수시로 출현했다. 소빙하기에는 대기근 발생하고 전 세계적으로 수십, 수백만 명이 죽는 대참사가 일어난다. 유럽도, 아시아도 모두 마찬가지였다.

세계 최초 기업이자 가장 오래된 기업을 백제인이 세웠다?

세계 최초의 기업이자 가장 역사가 오래된 기업은 서양이 아닌 일본에 있다. 게다가 그 기업은 백제인이 세웠다. 578년 일본으로 건너간 백제 목공들은 사찰 전문 건축을 하는 회사인 콘고구미(金剛組)를 설립했다. 이 회사는 일본 오사카에 위치한 최고(最古)의 사찰인 시텐노지(四天王寺)를 593년에 건립했다. 또 일본 고베시에 콘고구미가 건축한 건물들은 1995년 10만 채의 건물이 완전히 파괴된 고베 지진에도 끄떡없이 건재했다. 콘고구미는 2006년 자금난으로 다른 기업에 인수되었지만, 회사명을 그대로 유지하며 1,400년 이상 명맥을 이어오고 있다.

 중국에서는 쥐가 훔쳐 먹은 것까지 세금으로 징수했다?

중국에서 당(唐)나라가 멸망한 907년부터 979년까지 약 70년에 걸쳐 여러 나라가 흥망성쇠한 시기와 국가들을 5대 10국(五代十國)이라고 한

세금제도의 중요성을 알린 작서모세

다. 이때 바로 쥐와 새가 훔쳐 먹은 것까지도 세금으로 징수하던 무시무시한 일이 벌어졌다. 바로 이 세금을 작서모세(雀鼠耗稅)라

고 한다.

923년 이존욱(李存勖, 885~926)은 후량을 멸망시키고 후당을 건국했다. 이존욱은 뛰어난 장수였지만 국정에는 미숙해서 공겸(孔謙)을 등용해 재무를 담당하도록 했다. 공겸은 돈이 많아야 국력이 강해진다는 원칙을 갖고 있었다. 그래서 전쟁으로 인해 피폐해진 국고를 채우기 위해 여러 방법을 동원해 무리하게 세금을 거두기 시작했다. 그중 가장 악랄한 세금이 작서모세였다. 이것은 세금으로 거둔 곡물이나 옷감을 날라 창고에 보관하다가 쥐와 새가 훔쳐 먹는 분량을 계산해 그에 해당하는 만큼을 다시 거둬들이는 세금이었다. 이외에도 길을 지나갈 때 거두는 '골목세', 술을 빚는 데 필요한 누룩에 매긴 '누룩세' 등 기상천외한 세금이 있었다.

결국 과도한 세금에 시달리던 백성들이 민란을 일으켰다. 그래서 이존욱의 양아들인 이사원이 왕으로 새롭게 즉위했는데, 그가 왕이 된 후 가장 먼저 한 일은 공겸의 사형이었다. 또한 백성들을 괴롭히던 말도 안 되는 세금들을 폐지했다.

 세계 최초의 지폐는 진짜 돈이 아니라 교환권?

중국 북송(960~1127) 시대는 경제가 대대적으로 발전했다. 베트남 남부에서 쌀이 들어왔고 이로 인해 인구가 증가했다. 1000년경에 6000만 명이었던 인구가 1200년경에는 1억 1500만 명으로 늘었다. 쌀에 대한 의존도가 높아져 서쪽 내륙에 있던 수도가 대운하 지대로 옮겨졌고 운하를 이용해 각종 식량과 석탄 등의 물자가 운반되었다.

이런 경제 발전으로 쓰촨 지방에서 철전(鐵錢)이 제작, 사용되었다. 하지만 철은 너무 무거워 생활에서 사용하기 힘들었다. 그래서 금융업자가 철전을 보관하고 대신 교환권인 교자(交子)라는 지폐를 발행해 이를 주로 썼다. 교환권이었으나 실제 돈처럼 사용된 교자는 세계 최초로 발행된 지폐로 인정되고 있다.

 칭기스칸이 아시아와 유럽을 정복한 것은 육포 덕분이다?

13세기 칭기스칸의 군대는 중국 대륙, 중앙아시아, 러시아, 유럽 일대를 정복하고 대제국을 세웠다. 그 비결은 기동력으로 꼽힌다. 당시 기록에 따르면 몽골군 기병 1인이 서너 마리의 말을 이끌고 하루에 최대 200여 ㎞까지 이동했다. 게다가 몽골군은 보급 부대가 필요 없었기 때문에 기동력이 더욱 뛰어났다. 칭기스칸 군대의 명성이 어찌나 자자했던지 당시 유럽에선 우는 아이를 달랠 때 '칭기스칸의 군대가 온다'라고도 했다는 설이 있다.

보통의 군대는 전투병과 이들을 지원하는 보급 부대로 구성된다. 보급 부대의 주요 임무는 특히 식량을 지원하는 것이다. 하지만 몽골군은 병사들 스스로가 먹을거리를 갖고 다녔다. 그것이 바로 안장 아래에 보관했던 육포 가루였다. 겨울에 소를 잡아 살코기를 작아 찢어 말리면 육포가 되는데, 이를 절구에 넣어 갈거나 두드려 가루로 만든 것이다. 이것은 단백질 덩어리로 훌륭한 영양 공급원인 데다가 보관이 쉽고 2~3년간 보존할 수 있었다. 육포 가루는 물에 타 먹으면 간단하면서도 훌륭한 식사가 되어주었다.

 강원도 양양의 관광 명소인 하조대, 조선 건국과 관련 있다?

강원도 양양의 명소 중 한 곳인 하조대(河趙臺)는 기암절벽에 세워진 정자다. 근방에는 하조대 해수욕장, 하조대 등대 등 하조대라는 이름을

조선 시대의 대표적 휴양지 하조대

쉽게 찾아볼 수 있을 만큼 하조대는 랜드마크 역할을 하고 있다. 그런데 많은 사람이 하조대라는 이름을 해돋이와 관련한 것으로 알고 있지만, 하조대는 조선 건국에서 비롯된 명칭이다. 하조대

는 조선의 개국공신인 하륜(河崙)과 조준(趙浚)의 성인 '하'와 '조'를 딴 정자[臺]이기 때문이다.

고려가 쇠퇴해져 나라 안이 어지러운 시기, 문인이던 하륜과 조준은 정세상 고려가 오래 지탱할 수 없음을 간파하고 벼슬을 버린 뒤 양양 지역에서 때를 기다렸다. 그러다 이성계 일가를 만나 1392년 조선을 건국하는 혁명에 함께하게 되었다. 과연 하륜과 조준의 예측대로 이성계는 조선 최초의 왕인 태조가 되었다. 또한 이들은 이성계의 다섯 번째 아들인 이방원이 조선의 3대 왕인 태종이 되는 데도 큰 공을 세웠다. 건국 후 두 사람은 나라의 기틀을 세우는 데 많은 역할을 했다.

하륜은 단군 조선부터 삼국 시대까지의 역사를 집대성한 『동국사략(東國史略)』을 공동으로 저술했고, 의정부영사가 되어 군정을 개편했으며 좌의정까지 지냈다. 그리고 조준은 토지제도를 확립하고 법전인 『경제육전(經濟六典)』을 펴냈으며 좌정승과 영의정 부사를 지냈다. 이 같은 업적을 기려서 정종 때 이들이 은거하던 시절에 머물렀다는 장소에 정자를 세우고 '하조대'라고 명명했다.

Q 조선 시대부터 버터를 생산했다?

우리 조상은 고려 시대부터 '수유(酥油)'라고 하는 버터를 만들었다. 다만 굉장히 귀해서 오로지 최고 지배층만이 접할 수 있었다. 그때의 버터는 초원의 유목민들이 만드는 형태였고, 주로 왕이나 왕족의 약으로 쓰였다. 때론 공로가 있는 신하가 늙어 병이 들었을 때 왕이 주기도 했다.

『조선왕조실록』에 따르면 수유는 평안도와 황해도 등의 '수유치'라고 불리는 일부 마을에서 만들어졌는데 이곳의 주민은 대개 몽골인의 후손이었다. 이들은 해마다 일정량의 수유를 왕에게 바쳤고 대신 군역을 면제받았다. 그런데 문제는 원래 수유치에 속한 사람도 아닌데 신분을 속이고 군역을 피하는 자들이 늘어났다는 것이다. 이러다 보니 한 가구에 남자만 21명이 사는 사례가 적발되기도 하는 등 당시에는 심각한 사회문제였다.

Q 조선 시대에는 화장실 흙을 채취하는 사람들이 있었다?

『조선왕조실록』에는 병사들이 마음대로 백성의 집에 들어와 화장실 바닥이나 가마 아래, 담벼락, 구들장 밑에 흙을 긁어갔다는 이야기가 등장한다. 이 병사들은 당시 화약을 제조하는 염초장(焰硝匠)의 수하였다. 사실 민간뿐만 아니라 궁궐의 화장실, 담벼락도 주기적으로 이들에게 개방했다. 이는 모두 당시 너무나 귀했던 '염초(焰硝)'를 얻기 위해서였다.

염초는 조선 시대의 중요한 무기인 화약의 주원료였던 질산칼륨이다. 그 시절에는 흙에서 질산칼륨을 얻었는데 특히 화장실 바닥에는 질산암모늄이 형성돼 흙에 섞여 있기에 염초장에게는 매우 중요한 장소였다. 하지만 이런 흙을 한 무더기는 모아야 겨우 밥그릇 하나 정도 되는 염초를 얻을 수 있었다.

조선 시대에는 흑색화약 제조에 필요한 세 가지 요소 가운데 황과 숯은 쉽게 구할 수 있었지만, 가장 중요한 질산칼륨은 제조가 어려웠다. 그나마 질산칼륨을 흙에서 얻는 취토법(取土法)도 고려 말 최무선 장군이 원나라에서 아주 힘들게 들여온 것으로 알려져 있다. 중국은 명나라 때 질산칼륨 제조법이 개발되었으나 국가 기밀로 취급하며 절대 유출하지 않았다.

 신대륙 아메리카를 발견한 건 콜럼버스인데 왜 다른 이름이 붙여졌을까?

1492년 10월 12일, 크리스토퍼 콜럼버스가 신대륙을 발견했다. 콜럼버스가 첫발을 디딘 곳은 지금의 바하마제도다. 미국 플로리다 반도 남동쪽에서 히스파니올라(Hispaniola)섬에 이르기까지 약 800㎞에 걸친 약 700개의 섬과 2,000여 개의 산호초로 이루어진 곳이다. 콜럼버스가 신대륙에 도착한 것은 스페인의 이사벨 여왕의 후원을 받아 출발한 지 70일 만이었다. 콜럼버스는 원래 칸이 다스리는 원나라로 가려고 했고, 해류 탓에 원나라의 남쪽에 있는 인도에 도착했다고 착각을 했다. 그래서 콜럼버스는 신대륙에 만난 원주민을 '인디언'이라고 불렀다. 나중에 콜럼버스가 오해했다는 게 밝혀졌으나 인디언이라는 명칭이 계속 사용되었다. 그뿐만 아니라 콜럼버스를 기리며 그가 찾아낸 카리브해의 섬들은 '서쪽의 인도'라는 의미로 '서인도제도'라고 명명되었다.

그런데 10년 뒤 이탈리아의 탐험가인 아메리고 베스푸치가 1502년 남미를 탐험했다. 그는 남미가 인도가 아니고 신대륙이라는 내용을 담아 여행 일지 『신대륙』을 출판했다. 이로써 신대륙의 존재가 인정되어 신대륙에는 아메리코 베스푸치의 이름을 따 '아메리카'로 불리게 되었다.

Q 모카는 원래 예멘의 지명이다?

'커피(영어로 Coffee, 식물학적으로 Coffea)라는 단어는 커피의 원산지인 에티오피아어 '카파(Caffa, '힘'이라는 뜻)'에서 유래되었다.

커피의 원산지는 에티오피아로 대략 9세기부터 이 지역의 고지대에서 재배되었다는 것이 정설이다. 15세기 중반에 쓰인 예멘의 수피교도들의 기록에서 커피의 흔적이 발견된다. 이곳에는 커피를 경작하고 커피 열매를 볶아서 음료수를 만드는 관습이 있다. 이후 커피는 예멘에서 메카와 메디나, 카이로로 급속히 퍼진 뒤 오스만튀르크로, 다시 인도로 전해졌다. 당시 메카, 메디나, 이집트, 터키 등 이슬람 국가에서 커피 주문량이 얼마나 많았는지 원래 예멘의 한 항구 이름에 불과했던 '모카'는 지금까지 커피를 일컫는 대표적인 이름으로 자리 잡았을 정도다.

최초의 커피 열매 발견가는 에티오피아 목동이다

Q 중동에서는 남편이 커피를 끓여주는 게 중요한 결혼 조건이었다?

이슬람 세계에서는 오랜 세월 커피를 애용해왔다. 그 이유로는 커피의 '각성 효과'가 유력하게 꼽힌다. 커피를 마시면 카페인 때문에 잠이 달아난다. 이슬람 사람들은 밤새 기도를 해야 하는 경우가 많았는데 이럴 때 커피가 제격이었다. 커피를 일종의 약으로 여겼던 이슬람 사람들은 커피 열매를 씹어서 먹곤 했다. 그러다가 커피 열매를 끓이거나 볶는 등 다양한 가공법이 발달하기 시작해 점차 갈아 마시게 되었다. 술이 금지된 이슬람 세계에서 향과 맛이 좋은 커피는 훌륭한 기호 식품이 되어주었다.

한편 중동 일부 지역에서는 특이한 혼인 서약이 존재했었다. 남편은 아내가 원하는 만큼 커피를 제공해야 한다는 조항이었다. 남편이 의무를 성실히 이행하지 못할 경우 아내는 이혼을 요구할 수도 있었다.

Q 17세기 이전의 유럽인은 누구나 술고래였다?

오래전 유럽인은 술을 상당히 많이 마신 것으로 알려져 있다. 13세기 이후 도시나 시골이나 1인당 하루 포도주를 2~4ℓ를 마셨고 맥주 소비량은 그보다 훨씬 많았다. 특히 16세기 스웨덴 사람들은 오늘날보다 40배나 많은 맥주를 마셨고 영국에서는 1인당 하루 3ℓ의 맥주를 마셨다. 이에 비해 오늘날 한국인의 1회 평균 음주량이 맥주 약 1ℓ라고 하니 정말 어마어마한 양이다. 세계 최고의 주당이라고 해도 과언이 아니다.

과연 옛 시절에 유럽인은 술을 왜 그렇게 많이 마셨을까? 몇 가지 이유가 있다. 첫째, 염장 음식(특히 생선)을 주로 먹어서 갈증을 자주 느꼈기 때문이다. 둘째, 깨끗한 물을 구하기 어려워서 물에 알코올 성분의 술을 타서 일종의 해독을 해서 마신 것이다. 이외에도 산업혁명 때는 육체적 피로를 잊기 위해 많은 사람이 휴일에 술고래가 되도록 술을 퍼마셨다. 기록에 따르면 당시 사람들은 월요일에 제대로 일을 하지 못할 정도였다고 전해진다. 그런데 17세기에 들어 유럽에 차, 커피, 초콜릿 음료가 서서히 보급되면서 포도주와 맥주를 대체했고 유럽 사람들은 술은 적게 마시고 이런 음료들을 즐기기 시작했다.

 중세 수도원이 염전과 양식장까지 갖추고 있었던 까닭은?

중세 유럽의 수도원의 풍경은 경건한 요즘의 수도원과 사뭇 달랐다. 염전이나 양식장까지 갖춘 시설이었으니 말이다. 여기에는 수도사들이 염장 생선을 주로 먹고살았던 역사적 배경이 있다.

1000년경 게르만족이 그리스도교로 개종했고, 바이킹족이 세운 러시아도 그리스도교의 교세 안에 편입되었다. 이렇게 유럽 대부분의 국가가 그리스도교를 국교로 삼자 로마 교황청의 위세는 대단했다. 당시 교황청이 교인들에게 엄격한 금육(禁肉)과 금식을 요구하면서 유럽인들의 식문화에 지대한 영향을 미쳤다. 금육 규제는 그리스도교의 교세 확장과 더불어 점차 엄격해져서 1년의 3분의 1은 육식을 못 하게 되었고, 중세 후반에는 무려 215일이나 육식을 금해야 했다. 다만 생선은 예외로 허용되어서 상대적으로 생선 소비가 급증했다.

그런데 그때는 냉동 시설이 없었다. 생선을 저장하는 가장 좋은 방법은 소금에 절이는 '염장'이었고 대부분의 사람이 염장 생선을 주로 먹었다. 특히 많은 수도자가 같이 사는 수도원은 금육 규제를 더욱 철저히 지켜야 했으므로, 아예 양식장과 염전을 운영하거나 소유해 식생활을 해결했다.

 프랑스 혁명 때문에 맛있는 카망베르 치즈가 널리 퍼졌다?

중세 유럽의 엄격한 육류 섭취 규제는 치즈를 발전시켰다. 육류에서 단백질을 섭취하지 못했기에 대신할 식품으로 사람들이 치즈를 적극적으로 만들었기 때문이다. 특히 보통 사람들보다 더 음식 섭취에 제재를 많이 받았던 수도사가 치즈를 열심히 개발했다. 그중 하나가 카망베르 치즈였다.

1789년부터 시작된 프랑스 혁명 때 가톨릭 사제들은 새 공화국에 대해 충성을 서약해야 했다. 이를 거부하면 처형당하거나 추방되었다. 그래서 많은 사제가 시골에 숨어 지내기도 했다. 1790년 샤를 장 봉부스트라는 한 사제가 작은 농장에 신세를 졌는데 그에 대한 보답으로 자신이 알고 있던 카망베르 치즈 제조법을 전수해주었다. 이 비법을 전수받은 마리 아델은 후손에게도 비법을 알려주었고 마리 아델의 집안을 통해 카망베르 치즈가 점차 유명해졌다. 1863년 나폴레옹 3세에게까지 진상된 카망베르 치즈는 이후 치즈 포장법 등이 발전하자 유럽 전역으로 널리 퍼지게 되었다.

 고급 샴페인 돔 페리뇽, 원래 수도사의 이름이었다?

프랑스 최고급 샴페인의 대명사 돔 페리뇽(Dom Perignon). 프랑스 최북단의 샹파뉴 지역에서 생산되는 스파클링 와인인 샴페인 중에서도 최고의 제품을 일컫는다. 그런데 돔 페리뇽은 원래 사람의 이름이었다. 여기서 돔(dom)은 당시에 수도사에게 존경의 의미로 붙이는 말이고, 페리뇽이 수도사의 이름이다.

17세기만 해도 샹파뉴 지역에서는 일반적인 와인이 생산되었다. 그런데 이곳은 프랑스의 다른 와인 생산지보다 조금 추운 기후여서 봄마다 와인에서 탄산가스가 발생하는 문제가 있었다. 때론 탄산가스가 심하게 나와 병을 깨뜨리기까지 하자 이를 해결하는 임무를 맡아 파견된 사람이 바로 페리뇽이라는 수도사였다. 페리뇽 수도사는 연구 끝에 샹파뉴에서 생산된 와인에 맞춰 탄산가스의 압력을 견디는 유리병과 코르크 마개를 찾아냈다. 그리고 탄산가스가 많은 스파클링 와인의 특성을 잘 살려 품질 좋은 샴페인을 생산하는 데 공헌했다. 그러자 샹파뉴 지역의 사람들은 감사의 의미로 이 고급 샴페인에 수도사의 이름을 붙이게 되었다.

 중국 차 덕에 탄생한 영국의 명품 브랜드가 있다?

차(茶)는 커피, 코코아와 함께 전 세계인 사랑하는 기호음료 가운데 하나다. 차는 기원전 2700년경 전설로 전해오는 중국 황제인 신농씨 때부터 마셨다고 전해진다. 이렇듯 유구한 세월 동안 사람들의 입맛을 사로잡은 중국 차 덕분에 멀리 떨어진 영국에서 탄생한 명품들이 바로 선박과 도자기다. 1560년 중국차와 차 문화는 실크로드를 통해 중국을 다녀간 포르투갈 선교사가 유럽에 소개했다. 이때 영국에도 차가 전해졌는데, 1640년 영국 최초의 홍차 가게가 생기면서부터 대중 사이에서 차는 급속도로 인기가 높아졌다.

이후 영국에서는 빠른 범선의 개발이 이루어졌다. 차를 되도록 싱싱한 상태로 운반해서 높은 이윤을 얻기 위해서였다. 그리고 차를 담는 중국제 도자기가 인기를 끌어 도자기 수입도 크게 늘었다. 당시 영국에서는 중국산 도자기를 '차이나'라고 불렀는데 이를 본떠 강도가 높은 '본차이나'가 만들어졌다. 1759년에는 영국의 본차이나 도자기를 대표하는 브랜드 웨지우드(Wedgwood)가 탄생하기에 이르렀다. 웨지우드 품위 있는 디자인을 내세워 유럽은 물론 세계 각국의 도자기 산업에 영향을 주는 세계적 브랜드로 성장했다.

 유럽 사람들은 죽어서도 세금을 내야 했다?

유럽의 중세 시대 또한 지배층이 피지배층에게 거두는 악랄한 세금이 많았다. 그 가운데 '사망세(死亡稅)'는 특히 백성을 대대로 괴롭혔다. 당시 유럽은 봉건사회로 왕과 귀족, 영주와 같은 지배층이 있었고, 이외에 지배층을 보호하는 역할을 하는 기사, 지배층의 영토에서 농사를 짓고 사는 농노가 있었다. 전체 인구의 절반가량을 차지했던 농노는 영주의 보호를 받는 대신 영주에게 부역이나 노역을 바치면서 생활했다. 원칙적으로 농노는 충분한 자금을 모으면 영주에게 자유민의 신분을 사들이는 방법으로 신분 상승이 가능했지만, 현실적으로는 쉽지 않았다.

일단 농노가 그만한 재산을 모으기가 어려웠다. 또한 농노의 재산은 원칙적으로 아들에게 상속될 수 있었으나 영주는 농노가 사망하면 그 유족에게 '사망세'를 징수해 농노가 재산을 넉넉히 소유하거나 그 재산으로 신분을 벗어나는 것을 차단했다. 사망세는 농노 재산의 33~50%를 차지할 만큼 거액이었다. 게다가 돈이 없으면, 죽은 농노가 소유했던 동물을 대신 가져갔다. 결국 유족은 먹고 살길이 막막해서 재정적 어려움을 겪다가 영주에게 의지하는 농노의 삶을 이어나가게 될 수밖에 없었다. 근대화되어 농노가 해방되면서 사망세는 유럽 각국에서 점차 폐지되었는데, 프랑스의 경우 프랑스 혁명(1789~1794) 때 최종적으로 없어졌다.

 마르게리타 피자는 왕비에게 진상되었던 피자다?

18세기 항구 도시 나폴리에는 수많은 빈민이 살았다. 그들이 배를 채우기 위해 길거리 노점에서 주로 사 먹었던 게 바로 값싼 피자다. 당시 피자는 요즘의 피자와 매우 달랐다. 얇은 도우(납작한 빵)에 마늘과 소금, 돼지기름 조각을 올린 간단한 먹거리였다. 전부 하얀색이라 '피자 비앙카(화이트 피자)'라고 불렸다. 그래도 쫄깃한 식감이 있어 그 맛에 사람들이 먹었다.

당시 이탈리아는 오랫동안 여러 도시 국가와 주변의 식민지로 쪼개져 있었는데, 사부아 왕가가 다스리던 사르데냐 왕국을 중심으로 통일된다. 그 뒤 1889년 통일 2대 황제의 움베르토 1세가 부인인 마르게리타 왕비와 나폴리를 방문했다. 그때 이들은 이탈리아 음식을 맛보고 싶어 했고 당대의 유명 요리사가 황제 부부의 나폴리 방문을 환영하는 의미에서 마르게리타 왕비의 이름을 붙인 피자를 개발했다. 바질과 모차렐라 치즈, 그리고 토마토소스를 활용해 녹색, 흰색, 빨간색으로 구성된 이탈리아 국기를 상징하는 피자를 만들어 대접했고, 이 피자는 왕비의 이름을 따서 마르게리타라고 불리게 되었다.

Q 조선에도 슈퍼 영웅이 존재했다?

최근 몇 년간 세계적으로 슈퍼 영웅이 주인공으로 등장하는 영화가 흥행 열풍을 일으키고 있다. 그런데 슈퍼 영웅은 현대에만 존재하는 것이

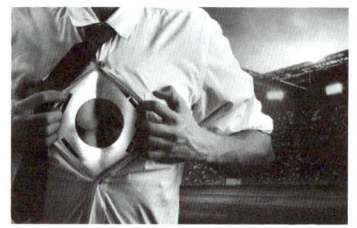

전우치는 실존 인물이다

아니다. 조선 시대에도 영웅담이 큰 인기를 끌었다.

대표적으로 '전우치'를 꼽을 수 있다. 전우치는 원래 실존 인물이었다. 도술을 익혀 역병에 걸린 사람들을 구제한 이야기가 구전으로 전해지다가 소설로 옮겨졌다. 바로 그 작품이 『전우치전(田禹治傳)』이다. 작자와 집필 연대 미상의 소설 속에서 전우치

는 하늘의 관리로 변장해 왕에게 황금 들보를 요구하고 그 황금으로 가난한 백성들을 도와준다. 조정에서 내린 체포령을 요리조리 피해 다니면서 탐관오리를 응징하고 어려운 백성을 구제한다.

또 다른 슈퍼 영웅은 '홍길동'이다. 『홍길동전(洪吉童傳)』의 실제 주인공은 연산군 시절의 유명한 도적이었다. 홍길동은 관원 복장을 하고 무리 지어 관아를 습격하곤 했다고 전해진다. 허균은 이 실화를 소설로 옮겼다. 소설에서 홍길동은 가난한 백성들을 살려준다는 뜻의 활빈당(活貧黨)을 조직해 사리사욕을 채우는 관리를 물리친다.

조선 시대에는 여성 영웅도 있었다. 『박씨전(朴氏傳)』의 박씨 부인이다. 박씨 부인은 추녀에서 절세미인으로 탈바꿈한 뒤, 병자호란 중에 초인적인 능력으로 청나라 장수들을 물리치는 모습으로 그려진다.

이처럼 조선 시대에는 구전이라든지, 문학 작품에서 종종 영웅이 등장했다. 그들은 백성들이 현실에서 겪는 문제들을 속 시원하게 해결해주는 역할을 해 인기를 끌었다.

 안경 에티켓을 어겨서 죽은 사람이 조선 시대에 있었다?

우리나라 사람들은 언제부터 안경을 썼을까? 여러 기록을 토대로 추정할 때 조선 시대 임진왜란(1592~1598) 전후로 여겨진다. 안경을 쓴 왕들도 있다. 그중 정조도 안경을 착용했던 왕인데 공식적인 자리에서는 안경을 벗었다. 순종 또한 근시가 심했지만, 아버지인 고종 앞에서는 절대로 안경을 쓰지 않았다. 모두 예의를 갖추기 위해서였다. 이렇듯 옛날에는 안경을 쓰고 다른 사람들을 만나는 것은 조심스러운 일이었다.

당시의 엄격한 '안경 예절' 탓에 죽음을 맞이한 사람도 있다. 헌종의 외숙부인 조병구가 그랬다. 한번은 그가 안경을 쓰고 궁에 들어온 적이 있었다. 마침 그때 헌종이 안경을 쓴 조병구를 보고 크게 화를 냈다. 안경을 쓴 것은 예의에 어긋나는 일이고 결국 왕인 자신을 무시하는 처사라고 생각해서였다. 조병구는 후환을 두려워하다가 자살하고 말았다.

이처럼 한때 철저했던 안경 예절은 세월이 흐르면서 점차 사라졌다. 17세기경에는 양반은 물론 백성에게도 안경이 널리 보급되면서 시력이 안 좋은 사람들은 누구나 안경을 쓰게 되었고 엄격한 예절도 없어졌다.

Q 영국 산업혁명은 설탕이 일으켰다?

기원전 9000~8000년경부터 뉴기니에서 재배되기 시작한 사탕수수는 오랜 세월에 걸쳐 인도, 중국 등으로 전해졌다. 주로 동양에서 먹던 설탕은 이슬람 상인들이 유럽에 소개했다. 15세기경 설탕은 유럽 전역에 전파되었고, 16세기가 되자 유럽인은 여러 요리에 설탕을 사용하기 시작했다. 이후 홍차, 커피, 코코아 등의 기호 식품들을 즐기면서 유럽에서의 설탕 소비는 더욱 늘었다.

그런데 영국에서 설탕 소비가 급증한 원인은 산업혁명 후의 사회적 변화와 밀접한 관련이 있다. 당시에는 농사를 짓던 사람들이 산업혁명의 물결 속에서 대부분 도시 노동자가 되었다. 공장에서 온종일 일하게 된 것이다. 그들은 장시간 일했고 잠시의 휴식 시간에 공장주가 주는 설탕 차에다 빵 한 조각을 적셔 먹었다. 이 먹거리는 힘든 육체노동을 할 때 필요한 에너지를 제공했다. 이런 까닭에 1900년대 영국인들은 1인당 연간 90파운드의 설탕을 먹어치웠다. 18세기 후반 영국이 서인도제도와의 설탕 무역으로 벌어들인 수입은 세계의 나머지 지역과 교역해서 벌어들인 수입보다 훨씬 더 많았다. 이를 계기로 거대 자본이 등장해 경제가 빠르게 팽창했고 이를 바탕으로 영국은 산업혁명을 일으킬 수 있었다.

300년 동안 감자는 유럽인에게 악마의 식물로 여겨졌다?

각종 요리에 사용되는 감자는 현대인의 필수 식자재 가운데 하나다. 감자의 고향은 수백 종의 야생 감자가 자라는 안데스산맥의 고원이

할로윈 소품으로도 쓰이는 감자

다. 이곳을 정복한 에스파냐인들은 16세기 후반 감자를 에스파냐를 비롯한 유럽으로 가져갔다.

감자를 처음 본 유럽인은 감자를 별로 반기지 않았다. 오히려 기분 나쁜 식물로 여겼다. 그때의 감자는 오늘날과는 달리 알이 작고 표면이 울퉁불퉁했으며 잘라두면 흰 살빛이 곧 검게 변했다. 쓴맛이 났고 혀를 자극하는 독(훗날 '솔라닌'이라는 성분으로 밝혀졌다)이 있었다. 이것이 나병을 연상시켰는지 감자를 먹으면 나병에 걸린다는 헛소문까지 돌았다. 프랑스 동부의 브르고뉴(Bourgogne) 지방에서는 공식적으로 감자의 식용이 금지될 정도였다.

종교적인 편견도 영향을 미쳤다. 성경 창세기에는 먹어도 되는 식품과 먹어서는 안 되는 식품이 기록되어 있는데 감자는 명시되어 있지 않았다. 중세 이래 유럽인은 땅을 지옥, 지상을 연

옥, 하늘을 천국으로 여기는 세계관을 가지고 있었고 동식물의 가치도 이에 따라 평가하곤 했다. 예를 들어 땅속에서 자라는 식물(양파, 순무 등)은 가치가 낮아서 농민이 주로 먹었고, 나무의 과일은 하늘 높이 솟아 있어서 귀족에게 걸맞은 식품이었으며, 하늘을 나는 자고새나 꿩 같은 새는 최고의 식품이었다. 따라서 땅속 깊이 뿌리를 내린 감자와 같은 식물은 악하다고 의심되었다. 이런 여러 이유로 감자는 악마의 식물로 취급받았다. 천대받던 감자가 이후 유럽에 성공적으로 정착하기까지는 무려 300년이나 걸렸다.

Q 독일의 위대한 프리드리히대왕의 별명은 왜 감자 대왕이었을까?

프리드리히 대왕은 독일에서 무척 존경받는 역사적 인물이다. 1618년 시작된 30년 전쟁 등 당시 벌어졌던 유럽의 전쟁에서 독일을 구해냈을 뿐만 아니라 국민을 위해 봉사하는 군주론을 강조하고 실천하는 등 오늘날 독일 발전의 기초를 다졌다.

그런데 이토록 위대한 프리드리히대왕의 별명은 너무나 소박하게도 '감자 대왕'이었다. 1750~1770년대 프로이센(독일의 옛날 지명)에서는 흉작이 잦았다. 이때 프리드리히 대왕은 식량 문제를 해결하기 위해 외국에서 감자를 들여와 생산토록 했다. 그러나 프로이센의 농부들은 감자가 구루병이나 결핵을 일으킨다는 비과학적인 미신을 믿고 있었다.

이에 프리드리히 대왕은 스스로 매일 감자를 먹으면서 솔선수범했다. 왕이 발 벗고 나서자 감자를 꺼리던 백성들도 점차 감자를 먹기 시작했다. 이를 계기로 프로이센의 만성적인 영양실조가 해결되어 굶어 죽는 사람의 수가 격감하고 인구가 증가했다. 이후 독일인은 감자를 아예 주식으로 먹게 되었다.

2차 세계대전 직후의 기록에 따르면, 독일인 1인이 연간 200kg의 감자를 섭취했다. 2010년 기준으로 세계의 연간 감자 소비량이 평균적으로 70kg인 것과 비교하면 놀라운 양이다. 현재 독일은 세계 상위권의 감자 생산국이기도 하다.

Q 네덜란드에서 튤립 한 송이가 집값보다 비쌌던 시절이 있다?

17세기 네덜란드에서 있었던 일이다. 당시 튤립에 관심이 많던 식물학자 카롤루스 클루시우스(Carolus Clusius)는 연구 끝에 두 가지 색이 나타나는 튤립을 개발해 판매하기 시작했다. 희소가치가 있었던 튤립은 수요에 비해 이를 사고자 하는 사람들이 훨씬 많아서 값이 치솟기 시작했다. 그러다 1636년 튤립 알뿌리 하나가 1만 길더, 네덜란드에서 최신 수로, 차고, 정원을 갖춘 집한 채와 맞먹는 가격이 되었다. 이 과열된 현상을 '튤립 버블'이라고 한다. 실제 가치보다 지나치게 높은 가격이 형성된 상태를 현상을 가리킨다. 당시 튤립 버블은 결국 꺼지고 만다. 지나치게 비싸진 튤립에 사람들의 관심이 사라진 것이다.

 조선 시대 여성에게 최고 사치품은 다름 아닌 가발?

조선 시대 여성에게 최고의 사치품은 바로 가체였다. 가체는 요즘으로 치면 가발인데, 정확히는 머리카락에 덧붙이는 장식 역할을 했다. 당시 여성은 머리에 가체를 얹어 머리카락을 더욱 풍성하게 보이도록 했다. 처음엔 왕실과 상류층만 가체를 사용했다. 당시 기술로는 진짜 사람 머리카락으로만 제작되었기에 아주 비쌌다. 특히 조선 시대는 예의범절상 머리카락을 함부로 자르지 않았던 시기라서 가체 자체가 무척 귀했다. 그러다 조선 후기가 되자 서민도 가체를 즐겨 착용하기 시작했다. 농업과 상공업이 발달하면서 서민의 경제력이 커져서였다.

가체를 찾는 사람이 많아지자 가격이 오르기 시작했다. 기록을 보면 영조(1694~1776) 때 쌀 한 가마의 값이 3냥이었는데 가체는 60~70냥이나 되었다. 정조(1752~1800) 때는 1,000냥쯤 될 만큼 가체의 가격은 급격히 올랐다. 결국 영조와 정조 때 가체 사용을 금지했다. 가체가 너무 무거운 탓에 무게에 눌려 여성이 목뼈가 부러져 죽는 사건들까지 발생했기 때문이다. 하지만 이미 지위와 부를 나타내는 상징물이 된 가체의 유행을 막을 수가 없었다. 하도 많은 여성들이 가체를 즐겨 사용한 까닭에 금지령을 어겼다고 처벌하는 게 불가능했다. 조선 시대 여성들 사이에서 인기가 대단했던 가체의 유행은 19세기 들어 비로소 잠잠해졌다. 순조 때부터 쪽 찐 머리가 유행하면서였다.

 유럽 상류층은 왜 300년 동안이나 가발을 쓰고 다녔을까?

유럽에서는 16세기 후반부터 귀족 사이에 가발이 유행했다. 상류층의 유행이 점차 널리 퍼져서 18세기 중반의 영국에서는 성년식 때 머리카락을 자르고 가발을 쓰는 의식까지 치렀다. 가발이 유행한 이유는 당시에는 머리가 큰 사람이 머리도 좋고 남성적인 사람이라고 여겨졌기 때문이다. 그리고 성병인 매독을 많은 이들이 앓았는데 후유증 중 하나가 탈모여서 이를 숨기기 위한 목적도 있었다.

이 시기의 가발은 염소나 사람의 모발로 만들어졌는데 안 좋은 냄새가 났다. 그래서 냄새를 없애기 위해 오렌지나 라벤더 향이 나는 헤어 파우더를 사용했다. 피트 수상은 이 헤어 파우더에 세금을 부과하기도 했다. 너도나도 가발을 쓰고 다니던 때의 필수품인 헤어 파우더에 세금을 부과하자, 사람들은 해당 지역 법률 사무소에서 면허증과 같은 서류를 1기니씩 내고 사야 했다. 덕분에 영국 정부는 연간 1,000파운드의 헤어 파우더 세금을 거둘 수 있었다. 그러다 가발 유행이 끝날 무렵인 1869년 이 세금은 폐지가 되었다.

Q 술꾼을 만들어낸 미국의 금주법

미국에 금주령이 내려졌던 시대

미국은 기독교의 여러 종파 중에서도 가장 규율이 엄한 청교도가 세운 나라이다. 그들의 자손을 중심으로 건국 이래 금주 운동이 지속되었고 '금주당'이라는 정당은 1872년부터 계속해서 대통령 후보를 내세울 정도로 입지가 막강했다. 게다가 '미국 금주연맹'이라는 강력한 압력단체까지 생겼다. 결국 1919년부터 1933년까지 금주법 시대에 돌입하였다.

이 시절의 유명한 악당이라면 당연히 시카고 암흑가의 보스 알 카포네를 꼽을 수 있다. 그는 법망을 교묘히 피하며 밀주를 만들고 무허가 술집을 운영해서 엄청난 돈을 벌어들였다. 알 카포네의 활약과 더불어 이 시대에는 재미난 역효과가 발생했다. 금주법 시대의 알코올 소비량은 다른 시대보다 약 10%나 증가한 것이다. 또 금주법 이전의 뉴욕에 15,000개의 술집이 있었던 것에 비해 금주법 시대에는 32,000개나 되는 무허가 술집이 영업을 했다. 금주법만큼 술꾼을 늘린 법이 없었던 셈이다.

 카디건은 크림전쟁이 탄생시킨 옷이다?

추운 날 안에 겹쳐 입기 적당한 카디건. 이 옷은 크림 전쟁(1853~1856) 중 만들어졌다. 크림 전쟁은 러시아 제국과 영국, 프랑스 등 여러 유럽 연합군의 전쟁이었다. 이 전쟁에 참전한 영국 장교 가운데에는 7대 카디건 백작이 있었다.

카디건 백작은 전투에서 다친 병사들을 돌보는 일을 맡았는데 추운 계절에 부상병을 치료할 때 번거로움을 느꼈다. 다친 사람의 옷을 벗겨서 치료하고 다시 옷을 입히는 게 쉽지 않았다. 그래서 고심 끝에 옷의 앞을 단추로 여미는 스웨터를 고안했다. 이를 입은 병사들은 훨씬 편하게 치료를 받을 수 있었다. 이후 카디건 백작의 '단추로 여미는 스웨터'에는 그의 이름으로 불리기 시작했다. 그리고 전후에 실용적인 패션으로 사람들 사이에서 널리 유행했다.

 새똥 때문에 페루와 스페인이 전쟁을 벌였다?

'새똥'은 한때 전쟁의 원인이 되기도 했다. 페루에서 '구아노(Guano)'라고 불리는 새똥은 질소와 인산 등 영양분이 많이 들어 있는 천연 비료로 이를 쟁탈하기 위한 전쟁이 몇 차례나 있었다. 식물이 광합성을 하려면 땅속의 많은 영양분이 필요하다. 그중 가장 중요한 성분이 질소다. 식물은 뿌리를 통해 땅에서 질소를 받아들여 세포와 조직을 만든다.

왜 구아노에는 영양분이 많이 들어 있을까? 이유는 이렇다. 페루 해안 쪽의 바다에는 남극에서 페루 북쪽으로 흐르는 찬 해류가 바다 밑의 영양분들을 뒤집어 올려서 플랑크톤이 풍부하다. 플랑크톤이 많으니 물고기도 많고, 새도 많다. 그렇게 페루 해안에는 새가 몰리면서 새똥이 해안 절벽에 수천에서 수만 년간 쌓였고 수십 m에서 수백 m에 이르고 이를 구아노라고 부른다. 19세기 페루의 친차제도는 구아노를 선적하는 주요 거점이었다. 이곳에서 1863년 스페인인 농장주와 페루인 노동자들 간에 분쟁이 발생하자, 스페인은 함대를 보내 구아노의 산지인 친차섬을 점령했다. 구아노를 노린 속셈이었다. 결국 페루는 칠레, 에콰도르, 볼리비아와 동맹을 맺고 스페인에 선전포고했다. 1864~1866년 계속된 싸움은 스페인의 패배로 끝났다. 그다음에도 국가 간에 비슷한 사건이 몇 번이나 발생했는데 20세기 들어 더 분쟁이 일어나지 않았다. 1908년 독일의 화학자인 프리츠 하버(Fritz Haber)가 화학비료를 개발하면서 구아노에 대한 관심은 시들해졌기 때문이다.

 현대 4대 사회보험 중 3대 보험을 만든 사람이 독일 철혈재상 비스마르크?

평민과 노동자를 위한 사회보험의 역사에서 가장 뜻밖의 인물 중 하나가 모든 일은 피와 철로 해결된다고 했던 독일의 철혈재상, 오토 폰 비스마르크(Otto von Bismarck)다. 그는 의료보험(1883), 산재보험(1884), 연금보험(1889)을 만들었다. 전 세계 사회보장제도의 기틀을 마련한 셈이다. 비스마르크는 1866년 프로이센-오스트리아 전쟁을 승리로 이끌고 뒤이어 1871년 보불전쟁도 승리로 이끌어 독일 제국의 건국과 독일 통일을 이룩한 민족 영웅이다. 하지만 전쟁이 끝나고 제국이 성립되자 그는 평화주의자로 돌아서며 내치에 힘을 썼다. 그가 사회보험을 고안해낸 것은 바로 이 시기였다.

조선인은 커피를 처음 보고서는 서양인의 한약으로 여겼다?

커피는 일제강점기 시절이었던 1882년에 일어난 임오군란(구식군대가 일으킨 병란) 이후 서양의 갖가지 문물이 우리나라에 들어오면서 함께 전해 내려왔다. 우리나라에 커피가

고종의 애호 식품이었던 커피

들어온 지 약 100여 년, 이제 커피는 폭발적인 사랑을 받고 있다.

그런데 우리 조상의 눈에 비친 커피의 모습은 어땠을까? 조선 말기의 개화사상가이자 정치가였던 유길준은 1890년대 한국인 최초로 미국 유학길에 올랐다. 보스턴대학교에 다녔던 유길준은 『서유견문록』에 '우리가 숭늉을 마시듯 서양 사람들은 커피를 마신다'고 썼다. 기록에 따르면 1910년경 종로통 시장 상인들은 서양인들이 권하는 커피를 마셔본 뒤 '양탕국'이라고 불렀다. 마치 한약을 달인 것처럼 검고 쓴 탕약을 닮았다고 해서 서양인들이 주로 마신다고 해서 '양탕(洋湯)국'이라고 이름을 붙인 것이다.

 조선 최초의 호텔은 왜 서울이 아닌 인천에 세워졌을까?

조선 최초의 호텔은 대불호텔이다. 이곳은 1888년(고종 25년)

개항기였던 시절 인천 제물포에 문을 열었다. 당시 선박을 상대로 물자 공급업을 했던 호리 리키타로(堀力太郎)가 세운 대불호텔은 무역을 위해 인천항을 출입하던 서양인을 상대로 근대적 숙박업을 경영했다. 붉은 벽돌 건물에 하얀색으로 칠한 나무 창문, 아치형 현관, 2층 발코니 등 서양식 양식으로 지어졌다고 전해진다. 1885년 조선에 입국한 선교사 헨리 아펜젤러의 비망록에 따르면 서양 음식을 팔았고 호텔 종업원은 영어를 사용했다고 한다.

   그러다 이후 경인선 철도가 놓이면서 무역의 중심이 인천에서 서울로 바뀌자 인천의 숙박업 자체가 쇠퇴하게 되었고, 1919년 폐업했다. 그 뒤 건물주가 수차례 바뀌다가 1978년 대불호텔 건물은 철거되었다. 한동안 터로 남아 있었던 자리에서 공사가 이뤄지던 2011년 기단(基壇) 등이 발견되었다. 기단은 건축물의 터를 반듯하게 다듬은 다음에 터보다 한층 높게 쌓은 단이다. 이 터의 땅 주인이 마침 시에 땅을 기부채납을 해서 인천광역시 중구청은 2018년 4월 대불호텔의 옛 모습을 재현한 생활사전시관을 세웠다.

인천 차이나타운은 원래 사교와 유흥의 장소였다?

우리나라에 중국인들이 집단으로 들어와 살기 시작한 것은 1882년부터다. 구식 군대의 군인들이 신식 군대(별기군)와의 차별 대우와 민씨 일족의 전횡 등에 불만을 품고 임오군란을 일으키자 반란을 진압한다는 명목으로 청나라 군대 4,000여 명이 인천을 거쳐 서울 용산에 주둔한다. 이때 군대에 필요한 물품들을 공급하기 위해 40여 명의 군역 상인도 함께 들어와 부대 인근에 자리 잡은 것이 우리나라 차이나타운의 기원이다.

1883년 인천항이 개항한 다음 해 4월 인천화상조계장정(仁川華商租界章程)이 체결돼 지금의 인천시 선린동 일대의 약 1만 7,000㎡ 대지에 중국 조계지가 세워졌고, 그해 10월 청국 영사관도 들어섰다. 이때부터 인천의 선린동 일대에 중국인들이 문을 연 요릿집이 생겨났다. 요즘에도 중국요리 식당으로 유명한 공화춘, 중화루 등이다. 그런데 당시에 그곳들은 소위 부자들을 위한 '청요릿집'이었다. 단순히 대중을 위한 음식을 파는 식당이라기보다는 사교와 유흥을 위한 고급 식당 역할을 했다.

한편 이곳에서 중국식 면장(중국의 장류, 춘장의 시초)에 캐러멜 소스를 섞어 한국식 춘장이 개발되었고, 이 춘장으로 짜장면이 만들어졌다. 이후 한국 정부의 '분식 장려 운동' 등에 힘입어 짜장면은 온 국민이 즐겨 먹게 되면서 대히트했다.

여성 전용이던 손목시계는 보어전쟁 때부터 남성이 사용했다?

유럽에서 19세기까지 손목시계는 여성의 전유물이었다. 유럽 왕실들의 여성 귀족을 중심으로 '리슬릿(Wristlet)'이라 불리는 팔찌 형태의 손목시계가 장신구로 인기를 끌었다. 이 시계에는 각종 보석과 아름다운 문양을 새기는 것이 유행이었다. 당시 남성은 주로 회중시계를 착용했고, 남녀 구분이 확실한 사회적 분위기에 따라 손목시계의 착용은 남성에게 수치스러운 일로 여겨졌다.

그러던 금기가 보어전쟁을 계기로 깨진다. 보어전쟁(1899~1902)은 영국이 남아프리카 일대 네덜란드계 보어인들과 두 차례에 걸쳐 치른 전쟁이다. 이 전쟁은 철조망과 기관총, 수류탄 등 현대전 무기들이 처음으로 대량 활용된 본격적인 현대전으로 알려져 있다. 약 3만 명의 주민들이 학살된 이 끔찍한 전쟁에서 남성들은 손목시계를 사용하기 시작했다. 주머니에서 회중시계를 꺼내서 본 다음에 도로 집어넣을 여유조차 없는 전쟁이었기 때문이다. 이전의 전쟁과 달리, 분당 수천 발의 총알을 쏟아내는 기관총의 등장은 관습을 단숨에 바꿀 만큼 강력했다.

Q 중남미에서는 바나나 회사가 '문어'라고 불린다?

19세기 말 중남미의 작물이었던 바나나가 서서히 북미에 전해졌다. 앤드루 프레스턴(Andrew W. Preston)이라는 상품 바이어는 자메이카에서 들어오는 바나나를 매집하고 팔아 엄청난 이익을 얻었다. 뛰어난 사업가였던 프레스턴은 1885년 또 다른 바나나 사업가인 베이커와 동업을 시작했다. 그리하여 세계 최초의 바나나 회사인 보스턴프루츠사(Boston Fruits Company)가 설립되었다. 이 회사는 현재도 여전히 치키타(Chiquita)라는 대형 바나나 회사로 명맥을 유지하고 있다.

프레스턴은 바나나 산업을 혁신한 사업가로도 유명하다. 그는 바나나 증기선을 도입하여 카리브해를 통과하는 운송 기간을 불과 5일로 줄였고, 바나나가 지나치게 익는 것을 막기 위해 업계 최초로 냉장 운송을 도입했다. 이렇게 문어발 확장을 하다 보니 보스턴프루츠는 냉장창고, 해운, 철도 등 10개가 넘는 자회사를 거느리게 되었다. 그리고 이 때문에 지금도 중남미에서는 바나나 회사를 '엘 풀포(El pulpo)', 즉 '문어'라는 별명으로 부른다.

전설적인 시카고 악당 알 카포네는 세탁소를 운영했었다?

알폰소 카포네(Alphonse Gabriel Capone)는 '알 카포네'라고 불

리며 미국 시카고를 중심으로 조직 범죄단을 이끌었던 전설의 갱단 두목이다. 그는 1928년 세탁소 새니터리클리닝숍(Sanitary Cleaning Shops)를 차렸다. 주류 판매, 도박, 매춘으로 벌어들인 돈을 '돈 세탁'하기 위해서였다. 불법적으로 벌어들인 돈의 경로를 지워내고 안전하게 사용하려고 합법적인 세탁소 사업까지 벌인 알 카포네. 과연 자전적 이야기가 할리우드 영화로도 제작될 만큼 미국 역사상 가장 유명한 범죄자 중의 하나다.

1차 세계대전의 진짜 승리자는 인스턴트커피?

미국인들은 일찌감치 커피의 맛에 매혹되었다. 1860~1865년 벌어진 남북전쟁 중에도 군인들까지 커피를 매일같이 마셨을 정도다. 남북전쟁은 노예 제도의 폐지를 주장하는 북부와 존속을 주장하는 남부 사이에 일어난 내전으로, 북군은 중남미와 유럽을 통해 들여온 품질 좋은 원두 공급이 원활했고 이에 비해 남군은 해안을 봉쇄당해 원두를 구하기가 쉽지 않았다. 그래서 때론 남군 측에서 휴전을 요청한 다음, 가지고 있는 물자를 커피로 교환해달라고 했다는 기록이 있다.

이때는 커피를 마시려면 원두를 로스팅해서 분쇄해 뜨거운 물을 부어 커피를 내려야 했다. 하지만 전쟁터에서 매번 이런 방법으로 커피를 마시는 것은 무척 번거로웠다. 그래서 북군은 커피를 만들어 연유를 섞어 진하게 농축시켰다가 마시고 싶을 때 물을 부어 끓여 먹었다. 이것이 바로 인스턴트 커피믹스의 시초다. 남북전쟁은 남부가 1865년에 항복함으로써 미국 합중국의 통일이 유지되고 노예 제도는 폐지되었는데, 이후 본격적으로 인스턴트커피의 개발이 이뤄졌다. 그중 조지 워싱턴이라는 사람이 커피 분말을 만들어 특허를 받고 1910년 본인 이름과 같은 '조지 워싱턴 커피'를 창업했다. 사업 초기에는 고전을 면치 못했으나 편하게 마실 수 있는 조지 워싱턴 커피는 1914년 1차 세계대전 때 전쟁터에서 엄청나게 대박이 났다. 게다가 전쟁이 끝난 뒤에 이 커피 맛에 익숙해진 군인들 덕분에 인스턴트커피는 날개 돋친 듯 팔렸다.

1차 세계대전은 독일을 천문학적인 빚더미에 앉혔다?

전쟁의 여러 폐해 중 하나는 바로 금전적 손해다. 1차 세계대전 직후 독일은 패전 배상금을 물어내야 하는 처지가 되었다. 이미 전체 인구의 10%, 영토의 13.5%를 잃은 데다가 영국과 프랑스에 1320억 마르크(약 30조 원)를 배상해야 했던 독일은 돈을 마구 찍어냈다. 당시 독일 정부의 1년 세입이 60~70억 마르크였기 때문에 별수가 없었다.

그런데 무분별한 화폐의 발행은 독일에 부메랑으로 돌아왔다. 1923년 엄청난 인플레이션이 발생하기 시작한 것이다. 222억%라는 이른바 초(超)인플레이션으로 독일의 금융 시장은 완전히 붕괴하고 말았다. 게다가 화폐 가치의 폭락으로 배상금 중 10억 마르크밖에 갚을 수 없었고 이후 오랫동안 차차 갚아나갈 수밖에 없었다. 독일은 2010년에서야 비로소 이 채무를 결산할 수 있었다.

Q 독일 나치의 비밀 무기는 위조화폐였다?

2차 세계대전 때 독일 나치는 위조화폐로 작전을 짰다. 친위대의 베른하르트 크루거 소령은 영국과 미국 경제를 붕괴시키기 위한 위조화폐 제조의 총책이 되었으며, 이 작전은 '베른하르트 작전'으로 불렸다. 1942년부터 그는 142명의 부하와 함께 작전을 펼쳤고 1945년에는 1억 3000만 파운드 상당의 지폐를 찍어냈다. 위조화폐 일부는 독일 요원들의 활동비로 지급하기도 했다.

중세 유럽에도 위조화폐가 있었다

하지만 1945년 5월 미군의 끈질긴 추적으로 궁지에 몰렸다. 영국 상공에서 위조화폐를 공중투하해 사회적 혼란을 일으키려던 계획은 수포가 되었고, 위조화폐 대부분을 오스트리아 애벤씨에 있는 토플리츠 연못에 숨겼다. 이후 1959년 한 잠수부가 연못에서 위조화폐 더미를 발견하면서 사건의 전모가 밝혀졌다. 베른하르트는 전범 재판장에 섰고, 영국에서는 베른하르트가 만들어 유통한 위조화폐가 1980년대까지 종종 발견되었다.

 2차 세계대전 때 미국인은 덩어리 빵만 먹어야 했다?

1942년 1월 18일, 미국 농무부의 클라우드 위카드 장관은 이상한 발표를 했다. '미국의 모든 빵 관련 업체에서는 식빵을 잘라서 팔지 못한다. 덩어리 형태로만 판매한다'는 내용이었다. 이 발표에서 사실 중요한 것은 빵이 아니라 빵을 자르는 데 사용하는 칼이나 기계, 그리고 빵 포장 용품들이었다. 즉 전쟁 때문에 군수 물자가 부족해지자 후방에서 물자를 절약하기 위해 이런 정책을 고안한 것이다. 특히 빵을 자르는 기계는 쇠로 만들어져 이를 군수품 공장으로 보내면 무기를 만드는 재료로 유용하게 쓸 수 있었다.

스위스의 퐁뒤는 나치에 저항하기 위해 먹던 음식이다?

2차 세계대전 때 독일은 오스트리아를 합병한 뒤 스위스까지 넘봤다. 하지만 스위스는 독일의 공격을 잘 막아내 1815년 비엔나회의에서부터 유지한 중립국의 지위를 지켜낼 수 있었다. 작은 나라인 스위스가 독일 침략을 잘 막아냈던 것은 오로지 국민의 단결된 힘이었다. 스위스는 정규군이 없고 민병대만 있었다. 평소에는 생업에 종사하다가 유사시에 군대로 소집되는 방식으로 운영되었는데, 정부가 국민 동원령을 내려 징집 대상자 거의 전부인 40만 병력이 일주일 만에 모였다. 이들이 똘똘 뭉쳐 결사항전을 했다.

그런데 이때 스위스의 전통 음식이었던 퐁뒤(Fondue)가 크게 인기를 끌었다. 오래전 알프스의 목동들의 겨울 추위에 맞서 먹었던 음식이 퐁뒤였다. 포도주를 끓여 치즈를 녹여 딱딱한 빵을 찍어 먹으면서 추위를 버텼던 그 정신으로 위기를 극복하자는 의미였다.

 초밥 10개가 1인분으로 정해진 것은 전쟁 때문이다?

2차 세계대전이 끝나고 패전국인 일본은 식량난에 빠졌다. 이전까지 식민지에서 수탈하던 쌀 등의 식량이 끊기고, 해외에 있던 자국인과 군인들 150만 명이 입국하자, 쌀 가격이 130배나 뛰었다.

1947년 일본의 당시 총리는 식량을 아끼려는 의도로 긴급조치령을 발표해 국민의 외식을 금지했다. 그러자 초밥 가게에서는 배급 쌀을 가져온 손님에게만 초밥을 만들어주기 시작했다. 긴급조치령에서 금지한 것은 요식업이었고, 이렇게 하면 위탁가공업에 해당해 문제가 없었다. 정부에서는 이렇게라도 먹고 살려는 초밥 가게를 엄격하게 제재할 수 없어서 조건 하나만 내걸었다. 1인당 쌀 한 홉으로 초밥 10개까지 교환하라는 조건이었다. 이를 계기로 일본의 초밥 가게는 1인분에 초밥 10개를 제공하기 시작했고 이것이 지금까지 관습으로 굳어졌다.

초밥은 1940년대에 생긴 신조어다

Q 일제강점기에 지옥섬이라고 불리던 곳이 있다?

2017년 7월 개봉한 영화 「군함도」는 일제강점기의 끔찍한 현실을 고발하는 내용으로 화제를 불러일으켰다. 영화의 배경은 일본 나가사키현 나가사키시에 위치한 하시마섬(軍艦島)이다. 19

세기 후반 미쓰비시그룹이 이곳에서 탄광 사업을 했고, 1940년대 수많은 조선인이 강제 징용되었다.

하시마섬의 탄광은 지하 1㎞가 넘는 해저 탄광이었다. 내부는 매우 좁고 기온은 45도를 넘었으며, 수시로 유독가스가 분출되고 해수가 갱내로 쏟아져 들어오는 등 혹독한 환경 탓에 '지옥섬'이라고 불렸다. 강제 징용된 조선인들은 이곳에서 하루 12시간 동안 채굴 작업에 동원되었으며, 탄광 사고, 영양실조 등으로 사망하거나 도망치다가 바다에 빠져 익사하기도 했다.

1950년대 일본 석탄 업계가 침체하면서 하시마섬의 탄광은 1974년 폐광되었고 현재는 무인도로 관광지가 되었다. 그런데 일본 정부는 하시마섬을 '일본 최초의 콘크리트 아파트가 들어선 일본 근대화의 산물'이라며 하시마 탄광을 포함한 7개 시설의 세계유산 등재를 추진했고, 우리나라와는 '당사자들의 의사에 반한 강제 노동이 있었음(Forced to work)'을 유네스코 세계유산 등재 결정문에 명시하기로 합의를 했다. 하지만 2015년 7월 세계유산 등재가 결정된 직후 일본 정부는 'forced to work'는 강제 노동의 의미가 아니라며 태도를 바꿔 논란이 되었다.

1960년대 우리나라의 쥐잡기 운동이 토종 여우를 멸종시켰다?

우리나라의 전설이나 민담에는 여우가 자주 등장한다. 여우는 산속이 아니라 사람들이 사는 마을 가까이 있는 구릉이나 야산에 살고, 저녁 무렵 활발히 움직이는 쥐를 잡아먹고 산다. 게다가 한반도 전역에 사는 토종 여우의 개체 수가 상당했다. 당연히 사람의 눈에 자주 눈에 띄었고 이야기에서도 활약하게 된 것이다.

그런데 한반도 전국 곳곳에 살았다던 여우가 지금은 자취를 감췄다. 1960년대 대대적으로 펼친 '쥐잡기 운동'이 원인이다. 1962년 쥐잡기용 국가 예산 8억 2000만 환이 책정돼 전국적인 운동으로 확대되었다. 쥐덫도 보급하고 고양이를 기르자는 캠페인도 벌였다. '쥐는 살찌고 사람은 굶는다'는 구호 아래 1970년대에는 1년에 수차례 같은 시간에 일제히 쥐약을 놓는 행사도 벌어졌다. 사람들이 먹을 식량도 부족한 판에 쥐가 먹어 치우는 곡식이 곡식 생산량의 10%나 되었다.

그런데 쥐는 여우의 주요 먹이였다. 쥐가 급속도로 줄어든 데다가 쥐약을 먹은 쥐를 잡아먹고 여우가 죽는 일도 속출했다. 결국 우리나라에서 흔히 볼 수 있었던 여우는 2004년 강원도 양구 대암산에서 사체가 발견된 이후 더 목격되지 않았다.

1970년대 외화벌이가 한창일 때는 오줌마저 사고팔았다?

'여러분의 오줌이 귀중한 외화를 벌어들입니다. 한 방울이라도 통 속에!' 1970년대 우리나라 공중화장실에서는 오줌이 해외로 수출된다는 설명과 함께 이 같은 문구를 흔히 볼 수 있었다. 심지어 학교에도 오줌을 수집하는 흰색 플라스틱 통이 비치돼 있었다. 과연 오줌을 모아 어떻게 외화를 벌어들였을까?

오줌은 화학 처리를 거쳐 일본, 독일 등에 수출되었다. 사람의 신선한 오줌에 존재하는 혈전 용해 성분은 흔히 중풍이라 일컫는 뇌졸중을 치료하는 약을 만드는 주요한 원료다. 이 사업을 주도한 회사는 유명한 제약사인 녹십자다. 쓸모없던 오줌으로 필수 의약품을 만들어 수출까지 했다며 1970년대에 크게 주목받았다.

 일본어인 덴푸라, 라틴어에서 유래했다?

길거리 포장마차에서 사 먹을 수 있는 튀김을 '덴푸라(天ぷら)'라는 일본식 이름으로 부르곤 한다. 사실 덴푸라 또한 순수한 일본어가 아니다. 라틴어 '쿠아투오르 템포라(Quatuor Tempora)'에서 온 말이다. 그것도 음식 이름과 전혀 관계없는 교회 용어다. 과연 해산물이나 채소를 튀긴 음식에 왜 사계절이라는 이름이 붙여졌을까?

일본이 1570년대 나가사키에서 서양과 교류를 허용하자 예수회 소속 포르투갈 선교사들이 일본에서 활동하게 되었다. 선교사들은 금육을 지키기 위해 고기 대신 새우나 생선을 튀겨먹곤 했다. 당시 일본에서는 기름에 튀긴 음식이 드물어 이 튀긴 음식은 큰 관심을 받았다. 일본인들이 음식의 정체를 묻자 선교사들은 음식과 함께 '사계의 재(齋)'에 관해 설명했다. 사계의 재는 계절마다 각각 3일씩 속죄하는 마음으로 단식과 금육을 지키며 기도하던 때를 말한다. 중세 시대에는 이 시기에 평소보다 많이 봉헌하고 가난한 이들에게 음식을 나눠줬으며, 죽은 이를 추모했다. 설명을 들은 일본인들은 튀김을 '템포라'라고 부르기 시작했다. 이후 '덴푸라'라는 말로 변형되었고 처음에는 일본 상류층이 먹는 고급 음식으로 여겨지다 1700년대 후반 대중에게도 널리 퍼졌다. 한편 서양 교회를 중심으로 널리 지켜지던 사계의 재는 제2차 바티칸공의회 이후 폐지되었다. 하지만 사계의 재의 단식은 각국 주교회의가 정하는 특별한 때에 지켜지고 있다.

 미숫가루, 이름에 아시아의 역사가 담겼다?

찹쌀이나 멥쌀 또는 보리쌀 따위를 찌거나 볶아서 가루로 만든 식품인 미숫가루는 중동부터 동아시아까지 거의 모든 아시아

지역에서 오래전부터 전투 식량이나 여행용, 수련용 음식으로 애용되었다. 도대체 언제, 어디서 처음 먹기 시작했는지 알 수 없다. 중국과 우리나라에서는 선식(禪食)이라고도 불리며 예로부터 신선들이 먹던 음식이라고도 알려졌다. 그리고 중국의 고대 국가인 주(周)나라 초기인 기원전 12세기 이전부터 먹었던 것으로 추정된다.

우리나라에서는 삼국 시대부터 '미식'이라 불리며 먹었다고 추정되며 미식이 미수로, 다시 미숫가루가 되었다고 전해진다. 이것이 고려 시대에 몽골로 건너간 뒤, 몽골의 전통 음식 중 하나인 '미스가라'라는 음식으로 변형되었다고 여겨진다. 미스가라는 곡물가루에 우유나 물, 버터 등을 조금 넣어 떡처럼 뭉쳐 먹는 음식이다.

 우리나라 5,000원권의 별명이 '서양 율곡'이었다?

1972년 한국은행이 5,000원권을 제조할 때 해프닝이 있었다. 국내의 화폐 제작 기술이 부족해 영국의 토머스 델라루사에서 만든 지폐 원판을 들여왔는데, 한국인의 외모적 특징을 잘 몰랐던 토머스 델라루사에서 이율곡의 코를 서양인처럼 오똑하게 묘사하는 등 서구적인 얼굴로 표현했다. 그래서 5,000원권은 '서양 율곡'이란 별칭을 얻었다. 그러다 1977년 5,000원권의 신권이 발행되었다. 우리나라의 원로 화가인 이종상 교수(1938~)가 이율곡을 새롭게 그려냈다. 30여 년 뒤 이 교수는 5만 원권에 이율곡의 어머니인 신사임당까지 그려 화제가 되었다.

한편, 1950년 6월 한국은행 설립된 2개월 뒤 발행된 지폐 1호 속 인물은 이승만(李承晩) 대통령(1875~1965)이다. 그해 8월 발행된 1,000원권에 처음 등장해 1950년대 말까지 지폐 모델을 독점했다. 지폐 모델이 역사 인물로 바뀐 것은 1960년부터다. 세종대왕이 처음으로 1,000환권(1960), 500환권(1961)에 등장했다. 그러다 당시 최고액권인 1만 원권(1973) 모델로 선정되었다.

4

신비롭고 놀라운
자연 상식

Q 수염이 없어지면 고양이는 어떻게 될까?

고양이 수염은 바람의 속도와 공기의 흐름 등 주변 변화를 감지해서 일명 '감각모'라고 불린다. 감각모는 고양이의 입 주변뿐만 아니라 눈 위, 턱 아래 그리고 앞 발목에도 있다.

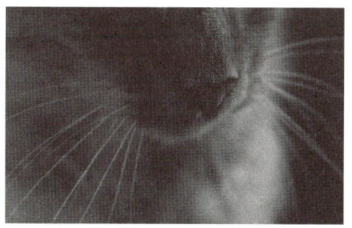

고양이의 안테나인 수염

특히 미간의 감각모는 장애물을 감지해 눈과 머리를 보호하고, 앞 발목의 감각모는 주변의 작은 움직임까지 감지해 사냥하는 데 도움을 준다. 이런 이유로 고양이는 수염이 손상되면 방향 감각과 공간 감각을 잃어버린다. 사물의 위치를 정확히 파악하지 못해 쥐조차 잡을 수 없게 된다.

Q 고양이도 사람처럼 멀미를 한다?

특별히 균형 감각이 뛰어난 고양이지만, 자동차를 타면 고양이는 의외로 멀미를 많이 한다. 안절부절못하고 심하게 침을 흘리며 울부짖거나, 반대로 움직이지 않고 기운 없어 하는 게 일반적인 증상이며 때론 구토, 설사까지 한다.

그런데 고양이가 차멀미를 하는 까닭은 이동에 대한 두려움

탓이 크다. 즉, 심리적인 원인이다. 그러니 차멀미를 예방하려면 이동장과 친숙해지도록 해야 한다. 고양이가 좋아하는 간식이나 장난감을 이동장에 넣고, 평소 사용하는 수건이나 깔개를 바닥에 까는 것이 좋다. 그리고 자동차 안에서는 고양이가 창밖을 보게 하는 것보다는 이동장 안에 두거나 사람이 품에 안고 타면 멀미 예방에 도움이 된다. 독립심이 강하고 균형 감각도 남다른 고양이지만, 낯선 곳으로 이동하는 것을 두려워하는 것은 천성이니 이럴 때만큼은 반려인의 배려가 필요하다.

Q 고양이는 육식동물이지만 풀도 뜯어 먹는다?

고양이는 육식동물이다. 하지만 때로는 풀을 먹는다. 왜일까? 고양이는 소화가 안 되는 먹이를 먹었을 때 뱉어내는 습성이 있다. 풀이 이런 경우에 토하는 것을 촉진한다. 고양이가 털을 조금씩 삼켜 몸속에서 쌓이는 덩어리를 '헤어볼'이라고 하는데 이를 토해내도록 할 때도 풀이 좋다. 또 풀을 섭취함으로써 비타민이나 무기질 등의 영양소를 보충하기도 한다.

그렇다고 고양이가 아무 풀이나 먹는 것은 아니다. 고양이가 먹을 수 있는 풀이 따로 있다. 이런 풀을 일명 '캣그라스(Catgrass)'라고 하는데 보리, 귀리, 밀싹 등이 이에 해당한다.

천고묘비, 하늘은 높고 고양이는 살찐다?

우리말에 '봄을 탄다'는 관용어가 있다. 봄기운 때문에 마음을 안정하지 못하여 기분이 들뜨거나 봄철에 입맛이 없어지거나 몸이 나른해지는 사람의 상태를 뜻하는 이 말은 고양이에게도 해당한다. 한 연구에서 38마리의 고양이를 6년간 관찰한 결과, 고양이는 1~2월, 10~12월에 식욕이 가장 왕성했다. 이에 비해 3~5월과 9월은 먹이의 양이 확연히 줄었고, 6~8월 여름에 입맛이 가장 없는 것으로 나타났다. 가장 많이 먹을 때와 적게 먹을 때의 먹이 소비량은 최대 15%까지 차이가 났다.

포유동물인 고양이에게 일광과 기온의 계절적 변화는 호르몬을 변화시키고 신진대사 및 음식 섭취에 큰 영향을 미친다. 기온이 상승하면 활동량과 에너지 소비량이 줄어든다. 그래서 봄에는 뇌와 호르몬 반응으로 인해 음식 섭취가 줄어들며 세포 대사의 변화가 나타난다. 반대로 겨울이 오면 반대의 반응이 일어난다. 온도가 낮을수록 체온을 유지하기 위해 더 많은 에너지 소비가 필요하다. 일광이 짧아지면 체내에 지방을 저장하기 위해 더 많이 먹게 된다.

고양이는 입으로도 냄새를 맡는다?

고양이는 후각이 무척 예민하다. 고양이의 비강에는 2억 개의 향기 수용체가 있어서 고양이는 코로 먹이를 찾고 다른 동물의 위치를 파악한다. 그뿐만 아니라 고양이는 특이하게도 입으로도 냄새를 맡을 수 있다.

고양이에게는 앞니 바로 뒤부터 입천장을 따라 비강으로 이어지는 도관이 있다. 영역 표시나 이성의 정보를 전달하는 화학 물질인 페로몬을 수집할 때 입안의 후각 기관을 이용한다. 특히 고양이가 미소 짓거나 찡그린 표정을 지으며 입을 약간 벌려 호흡할 때는 고양이가 안쪽의 후각기관으로 냄새를 맡는 중인데, 입을 헤벌리기 때문에 사람 눈에는 바보스러운 표정을 짓는 것처럼 보이기도 한다. 이런 상태를 전문 용어로 '플레멘 반응(Flehmen response)'이라고 한다.

 모델의 걸음걸이가 고양이를 흉내 낸 거라고?

패션쇼 무대 위의 모델들은 특유의 워킹을 한다. 무릎을 펴고 우아하게, 그리고 일렬로 걷는다. 이것을 '캣워크(Cat walk)'라고 부른다. 직역하면 바로 고양이 걸음이다.

좁은 담장 위를 일렬로 걷는 고양이는 아주 편안하게 보인다.

게다가 신기하게도 발걸음 소리가 전혀 안 날 정도로 사뿐사뿐 걷는다. 고양이 발에 그 비결이 있다. 고양이 발톱은 인대와 바로 연결되어 자유자재로 넣었다 뺐다 할 수 있는데 걸을 때는 발톱을 숨겨서 마치 쿠션 같아진다. 가볍고 폭신한 쿠션과 같은 발은 걷는 충격을 완화한다.

 개도 사람처럼 외로움을 느낀다?

개도 외로움을 느낀다. 특히 요즘의 가정집에서 키우는 개는 사람들이 외출한 사이 홀로 남겨진 시간이 길어 분리 불안이나 우울증까지 걸리기도 한다.

미국의 동물 복지 전문가 샬롯 번은 자극이 없는 지루한 환경에서 개들이 겪을 수 있는 부작용과 뇌 손상에 대한 연구를 진행했는데, 그 결과 개의 뉴런(신경세포)과 시냅스(뉴런 간 연결 부위)가 줄어들면서 뇌가 작아지는 경향이 있었다. 이 연구는 '지루함과 외로움은 인간뿐 아니라 개에게도 고통스럽다'고 결론 내렸다. 집에 홀로 남겨진 개는 하품이 잦고, 짖거나 하울링도 많이 한다. 이는 개의 정신건강에 적신호일 수 있으니 주의해야 한다.

개가 어두운 밤에도 길을 잘 찾는 이유는?

신기하게도 개는 사람과 달리 어두운 밤에도 길을 잘 찾는다. 그런데 어떻게 이런 일이 가능할까? 개의 눈에는 자기장을 볼 수 있는 특별한 물질이 있기 때문이다.

2016년 레오 페이츨 독일 막스플랑크연구소 교수팀과 뮌헨대학교, 프랑크푸르트대학교 공동 연구팀은 개, 늑대, 곰, 오랑우탄 등 일부 포유류의 눈에 '크립토크롬(Cryptocrome)'이라는 단백질을 찾아냈다. 이 단백질은 지구의 자기장에 반응해 전기 신호를 만들고, 그것이 뇌로 전달되면 자기장을 볼 수 있다. 눈으로 자기장을 직접 볼 수 있으니 낮이든 밤이든 나침반보다 길을 잘 찾는 것이다. 철새 또한 이 단백질을 가진 것으로 알려졌다.

 개는 왜 소변을 볼 때 다리를 치켜들까?

길을 걷다 보면 가로등이나 전봇대 등에 개가 다리를 올린 채 소변 보는 모습을 볼 수 있다. 미국 코넬대학교 생태학 및 진화생물학과 연구팀

소변은 개의 영역 표시이다

의 연구 결과, 개의 이런 행동은 '자신을 과시하기 위한 행동'이

라고 한다. 연구팀은 보호소의 개들을 대상으로 연구를 했는데 유독 덩치가 작은 개들일수록 다리를 높이 쳐들고 소변을 본다는 사실을 확인했다. 연구팀은 덩치가 작은 개들일수록 다리를 높게 들어 다른 개들의 눈에 몸집이 보다 크게 보이도록 한다고 분석했다.

 개의 코가 말라 있으면 어떤 상태일까?

반려견의 코가 말라 있다면 주의 깊게 건강 상태를 살펴보는 것이 좋다. 개의 후각은 사람보다 100만 배에서 10억 배 정도 더 발달하여 있다. 그리고 개의 코끝에는 후각과 관련한 신경이 모여 있으며, 평상시에 이 부위는 촉촉이 젖어 있어 예민하게 작동한다. 하지만 열이 있는 등 건강이 좋지 않을 때는 코끝이 말라 개는 냄새를 잘 맡지 못한다.

 늑대와 개 사이에 교배를 할 수 있다?

개과 늑대는 공통 조상을 두었기 때문에 유사성이 많다. 늑대는 아시아의 북동쪽에 사는 동물로 회색늑대의 아종이다. 우리나라에서도 서식했지만 이제 야생에서는 찾아보기 어렵다. 개과 개속 회색늑대(Canis lupus) 종 안에 있는 늑대(Canis lupus chanco),

개(Canis lupus familiaris), 인도늑대(Canis lupus pallipes), 히말라야늑대(Canis lupus himalayaensis), 딩고(Canis lupus dingo)는 거의 같은 동물이라고 해도 될 정도로 유사하고, 교배도 가능하다. 그래서 개와 늑대 사이에서 늑대개가 태어날 때가 있다. 늑대개는 보통 45kg이 넘는 늑대처럼 덩치가 커지고 야생성이 있어 키우는 것을 금지하는 나라도 있다. 미국은 아예 늑대개를 야생동물로 규정하는 주도 있고, 가축처럼 집에서 키우는 것을 허용하는 주도 있다.

한편 딩고는 개가 야생화된 동물이다. 개와 늑대의 조상은 인간에게 길들어 가축이 되었는데, 이렇게 가축이 된 개가 다시 야생화된 경우다. 3,000~4,000년 전 동남아시아를 거쳐 호주로 건너간 개가 야생화되었다고 알려져 있다. 외모가 개와 매우 닮았고 크기는 20kg 정도로 중대형견과 비슷하다. 야생성이 있긴 하지만 호주 원주민들은 딩고를 새끼 때 데려다 개처럼 키우기도 한다.

Q 오랑우탄은 '숲에 살던 사람'이란 뜻이다?

오랑우탄(Oranghutan)이란 말은 말레이어에서 유래되었다. 오랑(Orang)은 사람을, 후탄(Hutan)은 숲을 의미한다. 현재 자연에서 오랑우탄은 보르네오섬과 수마트라섬의 숲에만 남아 있다. 오랑우탄은 이름처럼 나무와 나무 사이를 옮겨 다니거나 나뭇잎으로 나무 위에 둥지를 만들어 쉬는 등 대부분 시간을 나무에서 지낸다.

하지만 오랑우탄의 서식지인 열대우림이 지속해서 개발되면서 오랑우탄은 심각한 멸종 위기에 처했다. 세계자연보전기금(WWF)에 따르면 시간당 축구장 300개 면적의 숲이 팜유 개발을 위해 파괴되는 중이다. 이런 추세라면 2025년까지 보르네오 오랑우탄 개체 수의 감소율은 86%에 달할 것으로 예측된다.

 느림보이자 잠보인 나무늘보, 등에서 풀이 자라기도 한다?

나무늘보의 조상은 3500만 년 전부터 지금의 미국과 중남미 지역에 살았다. 그중 메갈로닉스는 1t 정도, 메가테리움은 6t 정도 무게였는데,

게으름뱅이의 상징, 나무늘보

코끼리와 비슷한 크기였다. 그들은 강한 팔과 발톱을 이용하여 풀밭을 돌아다니며 나뭇잎과 아보카도를 따 먹었다. 이 거대한 나무늘보들은 1,000년쯤 전부터 사라졌고, 일부의 작은 나무늘

보만 살아남아 나무 꼭대기로 이주했다. 나무에서 살게 된 이유는 거대한 포식자로부터 몸을 보호하기 위한 것으로 추정된다. 오늘날에는 열대우림에 6종의 나무늘보가 살아가고 있다.

나무늘보는 나무 위에서 살며 영양분이 거의 없는 잎사귀만 먹는다. 그래서 에너지를 아끼기 위해 하루 15~20시간 동안 잠을 자고 최대한 움직이지 않는다. 배변 활동도 일주일에 1회 정도만 한다. 어찌나 활동이 적은지 심지어 나무늘보의 등에 풀이 자라기도 한다.

 태어날 때부터 상아가 없는 코끼리가 있다?

영국 일간지 『타임스』는 2016년 11월 '수십 년간 이어져 온 코끼리 밀렵이 궁극적으로 유전자 풀을 바꿨다'고 보도해 화제가 되었다. 최근 태어나는 코끼리 중에는 상아가 아예 없는 코끼리가 많다는 내용이었다. 상아는 코끼리가 음식물이나 나뭇가지를 들어 올리고, 방어를 위한 수단이 되어준다.

기사에서 코끼리 연구 및 보호 단체인 '코끼리의 목소리'의 대표 조이스 풀 박사의 말을 인용했는데, '밀렵꾼들이 상아가 있는 코끼리만을 학살해 상아가 없는 코끼리는 밀렵을 피할 수 있었고, 살아남은 상아 없는 암컷의 유전자가 후세에 전해진 것'이 원인이라고 한다. 특히 남아공의 아도코끼리국립공원에서는 98%의 암컷 코끼리가 상아가 없다. 상아가 있더라도 예전보다 그 크기가 현저하게 줄었다. 앞으로 상아가 없는 코끼리들이 어떻게 환경에 적응하며 살아갈지 주목된다.

Q 다람쥐의 집은 나무가 아니라 땅에 있다?

애니메이션을 보면 다람쥐의 집이 큰 나무의 기둥에 난 구멍으로 묘사되는 경우가 많다. 하지만 다람쥐의 집은 나무 위가 아니라 땅속 굴이다. 다람쥐는 한반도 전역에 살며, 주로 나무 열매나 작은 곤충을 먹이로 삼아서 나무 위에 있는 시간이 많다. 그래서 다람쥐의 집 위치를 착각하는 경우들이 있다. 다람쥐는 잠을 자고 쉬는 집과 식량을 보관하는 저장 창고를 따로 만든다. 그리고 겨울잠을 자는 동물이기도 하다.

Q 스컹크는 자신이 내뿜는 방귀의 지독한 냄새를 맡지 못할까?

스컹크가 고약한 냄새의 액체를 내뿜는 것은 강자로부터 자신을 보호하기 위해서다. 냄새를 맡는 감각을 후각이라고 하는데 후각은 다른 감각보다 익숙해지기 쉬운 성질이 있다. 스컹크는 특히 후각의 적응력이 빠르기 때문에 자신이 뿜어내는 냄새에 익숙해져 아무런 영향이 없다. 인간들도 같은 냄새를 계속 맡다 보면 그 냄새에 무감각해지는데 이와 같은 원리다.

 가을에는 말이 살찐다는 의미의 천고마비, 실제로 맞는 말일까?

흔히 가을을 '천고마비(天高馬肥)의 계절'이라고 한다. 뜻풀이하면 '하늘이 높고, 말이 살찐다'는 뜻이다. 그런데 이 고사성어의 뜻처럼 실제로 말은 가을에 살이 찔까?

천고마비는 중국 은나라 때 유래한 고사성어

한국 마사회에 따르면 가을에 말이 살찌는 게 맞다. 봄은 말의 교배 기간이라 살이 빠지고, 여름에는 더워서 살이 빠진다. 이에 비해 가을에는 추운 겨울을 준비하는 시기라, 말에 살이 오른다는 것이다. 이는 자연적인 현상이라 아무리 철저한 관리를 받는 경주마들도 가을에는 예외 없이 살이 찐다.

 판다, 고양이는 미각 유전자가 고장 나서 맛을 모른다?

곰의 한 종류인 판다는 주로 대나무 잎을 먹고 산다. 몸길이 120~150㎝, 몸무게 70~160㎏의 몸을 유지하기 위해 판다는 그야말로 하루 종일 대나무를 먹다시피 한다. 미국 미시간대학교 연구진이 판다가 다른 곰과는 차별되는 식습관을 가진 이유에 대해 연구를 한 끝에 2010년 『네이처』에 결과를 발표했다. 판다는 원래 초식과 육식을 같이 하는 잡식성이었는데, 약 400만 년 전 지구의 기후변화로 육식을 하기 힘들어지자 입맛이 바뀌었다는 것이다. 더 정확히는 '감칠맛'을 담당하는 미각 유전자가 작동하지 않아 고기 맛을 느끼지 못하게 되고 약 700만~200만 년 전부터는 아예 대나무만 먹기 시작했다고 한다.

미각 유전자가 고장 난 것은 고양잇과 동물도 마찬가지다. 이들은 단맛 유전자가 고장 나 있다. 미국 모넬감각센터의 연구에 따르면 육식동물의 경우 단맛 유전자가 작동하지 않은 편이라고 한다.

 곰을 만났을 때 죽은 척하는 것은 위험하다?

산에서 곰을 만났을 때 죽은 척하면 무사하다는 옛이야기를 들어본 적이 있는가? 실제로 한 연구소에서 실험을 통해 이 옛이야기를 검증했다. 곰이 다니는 길목에 사람 크기의 인형에 옷을 입혀서 놓아두고 곰의 반응을 살핀 것이다. 그런데 곰은 앞발을 번쩍 들어 올리더니 인형을 마구 짓눌렀다. 옛이야기와는 전혀 다른 행동을 취했다.

그렇다면 만약 산에서 곰을 만났을 때 어떻게 해야 할까? 이에 대해 전문가들은 달콤한 향이 나는 과일을 멀리 던지고 그와는 반대 방향으로 재빨리 도망가는 게 가장 안전한 방법이라고 조언한다.

 과학적으로 곰은 미련 곰탱이가 전혀 아니다?

사람들은 미련하게 행동하는 이를 '미련 곰탱이'라고 하지만, 사실 곰은 무척 영리하다. 높은 곳에 먹잇감이 있으면 도구를 이용하기도 한다. 특히 학습 능력이 뛰어나 한번 경험하면 음식물의 위치, 위험 요소 등을 잘 기억한다. 심지어 사냥꾼을 피해 일부러 사람이 지나가기 어려운 곳으로 다니거나 자신의 흔적을 감추기까지 한다. 곰이 느리다는 것도 편견일 뿐이다. 반달가슴곰은 하루 10㎞ 이상을 이동할 정도로 활동량이 많고, 북극곰은 시속 50㎞로 달릴 수도 있다.

또한 국립공원관리공단 종복원기술원에 따르면 '곰탱이'는 곰을 지칭하는 말이 아니다. 곰탱이는 곰이 겨울잠을 자기 위해 만든 잠자리로, 나뭇가지나 낙엽, 줄기를 모아 둥지로 만든 것을 가리킨다.

Q 목숨 걸고 절벽을 기어오를 만큼 염소는 소금을 좋아한다?

염소는 소금을 아주 좋아한다. 심지어 야생의 염소는 암염을 먹기 위해 암벽을 기어오르기도 한다. 염소라는 명칭은 '수염 난 소'라는 의미의 '염소(髥牛)'로 알려져 있는데 일부에서는 '소금을 먹는 소'라고 풀이하기도 한다. 염소가 이처럼 목숨을 걸고 위험한 곳까지 이동해 소금을 먹으려고 하는 이유는 염분이 염소에게 중요하기 때문이다. 염소는 염분이 모자라면 발톱과 이빨이 약해서 먹이를 제대로 먹을 수 없고 결국 신체 활동이 저하되어 천적에게 잡아먹히기 쉽다.

역사적으로는 소금을 좋아하는 염소의 본능을 이용한 고문법도 있었다. 로마 시대의 일이다. 죄인의 발바닥에 소금을 뿌리고 염소에게 핥게 하는 고문이 있었는데, 간지럼의 정도를 넘어서서 참을 수 없는 고통마저 느끼게 된다고 한다. 나중에는 죄인의 발바닥 껍질이 벗겨지기도 했다는 역사 기록이 남아 있다.

Q 기린의 목은 어째서 그토록 길까?

기린의 목이 긴 이유에 대해서는 아직 정설이 없다. 다만 이를 연구한 학자들은 지금까지 다양한 학설을 내놓았다. 우선 프랑스의 동물학자 장 바티스트 라마르크의 주장이다. 그에 따르면 오래전 기린은 목이 길지 않았지만 높은 곳에 있는 나뭇잎을 따 먹으려고 자꾸 목을 늘이다 보니 목이 길어졌다고 한다.

영국의 생물학자 찰스 다윈은 다른 주장을 펼쳤다. 원래 목 길이가 조금씩 다른 기린 개체들이 여럿 있었는데 생존경쟁을 통해 그중 먹이를 좀 더 얻기 쉬운 목이 긴 기린이 살아남았다며 진화론적 입장을 내세웠다.

가장 키가 큰 포유동물 기린

또한 영국의 저명한 학술지인 『네이처』는 이런 주장도 소개했다. 덥고 건조한 날씨 탓에 기린이 체온을 조절하는 생존전략으로 목과 다리를 극단적으로 길게 진화시켰다는 것이다.

Q 기린은 왜 100미터씩 옮겨 다니며 우산 아카시아를 먹을까?

우산 아카시아는 흔히 아프리카 사바나를 볼 수 있는 영상이나 사진에서 우산 모양의 큰 나무를 가리킨다. 그만큼 아프리카 사바나에서 자주 볼 수 있는 나무다. 기린은 이 나무의 잎을 뜯어 먹는다. 즉, 우산 아카시아에게 기린은 천적이다. 그런데 신기하게도 기린은 일단 우산 아카시아 잎을 뜯어 먹으면 그다음에는 옆 나무에 가서 계속 잎을 뜯어 먹지 않고 일부러 100m쯤 이동해 잎을 먹는다. 왜일까?

사실 우산 아카시아는 에틸렌 가스를 뿜는다. 잎을 뜯긴 직후 에틸렌 가스를 방출하는데 이를 통해 옆 나무들은 적이 가까이 있음을 알고 쓴맛 내는 유독 물질을 잎으로 보낸다. 하지만 기린은 우산 아카시아보다 한 수 위다. 이미 이런 시스템을 알고 멀리 가서 태연하게 잎을 뜯어 먹으니 말이다. 심지어 바람이 불면 기린은 바람 반대 방향으로 가서 에틸렌 가스가 닿지 않았을 그쪽 나무의 잎을 먹는다.

과연 짐승에게도 효(孝)의 개념이 있을까?

인간의 특성 가운데 하나는 자식이 늙은 부모를 돌보는 것이다. 많은 동물학자가 인간 외에도 이런 특성을 보이는 동물을 찾으려 애썼지만 아직은 발견되지 않았다. 반대로 부모가 새끼를 낳아 어느 정도 기간까지 돌보는 경우는 흔하다.

심지어 인간과 유전자가 가장 비슷한 유인원들에서도 효(孝)의 개념은 찾아보기 힘들다. 원숭이는 97% 이상, 고릴라는 약 97% 이상, 침팬지는 98% 이상 인간과 유전자를 공유하는데도 부모가 어린 자식을 일정 기간 챙길 뿐 반대의 사례는 찾아볼 수 없다. 심지어 인간과 겨우 1.6%밖에 유전자가 다르지 않은 보노보조차 자식이 다섯 살가량 될 때까지 부모가 돌보고 사춘기 때 무리를 떠나는 습성을 가지고 있다. 이런 이유로 효는 인간 고유의 특성으로 여겨진다.

Q 사실 금붕어의 집중력은 사람보다 낫다?

'붕어의 기억력은 3초'라는 말이 있다. 하지만 이는 속설에 지나지 않는다. 실제로 금붕어의 집중력이 지속하는 시간은 3초보다 더 길다.

2016년 ASAP사이언스가 발표한 집중력 지속 시간을 연구 결과에 따르면, 사람은 8초였다. 2000년에 12초였던 것이 4초나 감소한 원인은 컴퓨터나 스마트폰의 이용을 꼽았다. 이에 비해 금붕어의 집중력 지속 시간은 9초였다. 물고기는 집중력뿐만 아니라 기억력도 뛰어난 것으로 나타났다. 해당 연구팀은 특정 장소에 3일 동안 먹이를 두었고 물고기는 먹이가 있는 장소로 찾아왔다. 이후 12일 동안 물고기를 가뒀다가 다시 자유롭게 내보냈는데 물고기는 먹이가 있던 장소를 다시 찾아갔다. 이런 실험들을 반복한 결과, 실제 금붕어의 기억력은 최소 3개월인 것으로 밝혀졌다.

Q 물속에 사는 물고기가 냄새를 맡을 수 있다?

장어나 연어는 산란기에 수천 ㎞를 헤엄쳐 고향으로 돌아간다. 이때 약 30여 ㎞까지도 이동할 수 있는 비결은 바로 뛰어난 후각이다. 심지어 인간보다도 훨씬 후각이 좋다. 물고기가 사는 물에는 냄새 물질과 맛 물질이 녹아 있고 물고기는 이 좋은 후각을 활용해 각종 냄새를 맡는다.

그런데 영국 엑서터대학교 교수진의 연구 결과에 따르면 물고기의 후각이 점차 능력을 잃고 있다고 한다. 대기 중 이산화탄소의 증가로 인해 바다가 산성화되고 있기 때문이다.

Q '숭어가 뛰니까 망둥이도 뛴다'는 속담처럼 망둥이의 모습은 우습다?

숭어와 망둥이는 민물과 바닷물이 만나는 수역에 산다. 그래서 두 물고기가 비교 대상이 되었을 것이다. '숭어가 뛰니까 망둥이도 뛴다'라는 속담은 남이 한다고 하니까 덩달아 나서거나 자기 분수를 모르고 잘난 사람을 덮어놓고 따라 한다는 말이다. 왜 이런 속담이 생겼는지 알기 위해서는 두 물고기의 습성을 비교해봐야 한다.

우선 숭어는 수시로 수면 높이 뛰어오르는 습성이 있다. 숭어는 느리게 헤엄치는 편인데 지느러미에 기생하는 벌레를 떼어내려는 등의 이유로 점프를 한다. 몸길이가 약 60㎝로, 등은 잿빛을 띤 청색이며 배가 은백색인 숭어가 물 위로 뛰는 모습은 장관으로 알려져 있다.

한편 망둥이는 몸길이 20㎝ 정도의 배지느러미가 빨판처럼 되어 있는 물고기다. 망둑어가 표준어인데, 흔히 망둥이라고 부른다. 갯벌 바닥을 가슴지느러미를 이용해 철퍽철퍽 뛰어다니는 모습이 우스워 보인다. 과연 '숭어가 뛰니까 망둥이도 뛴다'라는 속담이 생겼을 법하다.

참치는 태어나 죽을 때까지 평생 쉬지 않고 헤엄친다?

참치는 공식 명칭이 '다랑어'이며 매우 빠르게 헤엄치는 물고기다. 다랑어는 10여 년 평생 단 1초도 헤엄을 멈추지 않는다. 심지어 잠을 잘 때도 뇌만 잠을 잘 뿐 계속 헤엄친다. 다랑어의 유영 속도는 평균 시속 60㎞, 순간 최대 시속 160㎞에 이른다. 게다가 평소엔 유유히 유영하다가 먹이를 발견하면 속도를 높여 급하게 이동 방향을 바꿀 수도 있다.

이 같은 다랑어의 남다른 수영 실력은 림프계에 위치한 특별한 공간이 있어서 가능하다. 다랑어의 등에는 2개의 지느러미가 있다. 항문과 가까운 두 번째 등지느러미와, 항문 지느러미 사이의 공간이 있는데 다랑어는 이 공간에 수분을 채우거나 빼서 단단한 지느러미의 움직임을 제어하며 자유자재로 헤엄친다.

Q 고독한 동물로 알려진 문어는 사실 사회적 동물이다?

낮에는 조용히 암초 속에 숨어 있다 밤이 되면 활동하는 문어는 오랫동안 '고독한 동물'로 알려져 있었다. 심지어 학명도 우울, 침울하다는 뜻의 '옥토푸스 테트리쿠스(Octopus tetricus)'다. 그런데 최근 문어가 사회적 동물이라는 연구 결과가 발표되었다.

서양에서 문어는 악의 상징이다

2012년 미국 일리노이대학교 스테파니 챈슬러 박사 연구팀은 호주 남동쪽 저비스만 인근에서 문어 15마리가 모여 사는 군집 마을을 발견했다. 2009년에 이은 두 번째 발견이었다. 문어들은 낮에는 조개껍데기, 가리비, 인간의 낚시 미끼 등으로 정교하게 만들어진 마을에서 머물렀다. 잠자리로 판단되는 세 곳에서 사이좋게 쉬다가 밤이 되면 사냥을 하러 마을을 떠나곤 했다. 연구팀은 문어가 천적인 수염상어의 위협을 피하고자 군집 생활을 한다고 추정했다. 실제로 수염상어를 마주쳤을 때 문어들은 똘똘 뭉치기도 했다.

 열대 바닷속 니모는 오로지 한곳에서만 평생 살아간다?

디즈니와 픽사가 만들어 세계적으로 인기를 끈 애니메이션 「니모를 찾아서」의 주인공 니모는 흰동가리의 한 종류인 '오셀라리스흰동가리(Ocellaris clownfish)'라는 물고기다. 주로 열대, 아열대 바다에서 살고 가끔 제주도 바다에서도 목격된다. 이 흰동가리는 평생 한곳에서만 살아가는 특이한 습성이 있다. 그것도 30㎝ 정도의 작은 말미잘을 보금자리로 삼는다. 흰동가리는 항상 그 말미잘에 찰싹 붙어 있다시피 한다.

흰동가리는 아주 작은 물고기다. 최대 15㎝에 불과해서 바다에서 자력으로 살아남기가 어렵다. 그런데 말미잘은 촉수에 있는 자포(刺胞)에서 테트라민이라는 독을 발사한다. 흰동가리를 노리고 포식자가 가까이 오면 말미잘은 독을 발사해서 오히려 그 포식자를 잡아먹는다. 덕분에 흰동가리는 안전하게 살아갈 수가 있으며, 심지어 수정란까지 말미잘 촉수 사이에 산란하고 부화시킨다.

돌고래는 마음에 드는 상대에게 선물을 준다?

 돌고래도 마치 사람처럼 마음에 드는 대상에게 선물을 준다는 연구 결과가 나왔다. 호주 웨스턴오스트레일리아대학교 사이먼 알렌 교수의 연구팀은 2017년 과학 저널 『사이언티픽 리포트』에 이 같은 연구 결과를 발표했다. 연구팀은 코랄베이, 뎀피어 제도 등 지역 해안가 1,500㎞를 따라 늘어선 오스트레일리아 흑등고래(Sousa sahulensis)의 서식지를 2008년부터 10년 동안 관찰했다.

 연구 결과 수컷 돌고래가 바다에 사는 무척추동물인 해면류를 부리나 이마를 이용해 암컷에게 선물하는 행동이 다섯 곳의 서식지에서 17차례 발견되었다. 그런데 수컷이 해면을 줬는데 암컷이 무시하면, 수컷은 화가 난 듯 해면을 암컷 쪽으로 내던지기도 했다. 그런데 하필 왜 해면일까? 돌고래 암컷이 먹이 채집 때 주로 해면을 쓰기 때문에, 수컷이 암컷의 환심을 사기 위해 해면을 건넨 것으로 연구팀은 분석했다.

 청개구리는 사는 곳도 다른 개구리들과는 정반대다?

 청개구리는 영어로 'Tree frog'다. 짝짓기와 산란할 때는 물가로 향하지만, 평소에는 수풀이나 나무에서 사는 습성이 드러나는 명칭이다. 청개구리는 다른 개구리와 달리 발가락 끝에 빨판이 발달해 나무에 잘 오른다.

청개구리의 이런 생태적 특성을 고려하면, 청개구리에 관한 옛이야기는 설득력이 있다. 그 이야기에서 엄마 청개구리는 평소 뭐든지 거꾸로만 하는 아들 청개구리에게 이런 유언을 남긴다. "내가 죽으면 산에다 묻지 말고 물가에 묻어다오." 그래야 자신을 산에 묻을 거로 생각한다. 안타깝게도 이야기에서는 뒤늦게 불효를 뉘우친 아들 청개구리가 엄마를 물가에 묻지만, 이를 통해서 옛사람들도 청개구리가 물가가 아닌 산 쪽에 사는 것을 잘 알았다는 점을 엿볼 수 있다.

참고로 이 이야기는 중국 당나라 때 이석(李石)이 편찬한 『속박물지(續博物志)』 권9에 「청와전설(青蛙傳說)」이란 민담으로 소개되었다. 이외에 여러 책에서 이와 비슷한 이야기가 발견되며 또한 한중일 삼국에 모두 전해진다.

 바다뱀과 육지 뱀은 같은 뱀이라도 다르다?

같은 뱀 종류더라도 바다뱀과 육지 뱀은 외형적으로 다른 점들이 많다. 환경에 적응하기 위해 적응한 결과다. 우선 바다뱀은 바다에서 헤엄치기 알맞은 납작한 꼬리를 지녔다. 배에서 물살을 젓는 '노'와 비슷한 모양이다. 배의 비늘 모양도 다르다. 육지 뱀은 움직이기 위해 마찰력을 이용해야 하므로 배에 넓은 비늘이 있다. 반면 바다에서만 서식하는 바다뱀은 마찰력을 이용할 필요가 없어 대부분 배의 비늘 크기가 등 쪽과 별 차이가 없다.

이외에 바다뱀과 육지 뱀의 결정적인 차이점은 진화하는 과정에서의 서식지다. 대부분의 생물이 진화를 거듭하면서 바다에서 육지로 서식지를 옮겼지만, 바다뱀은 반대다. 바다뱀은 육지에 서식하는 뱀 중 일부가 바다에 적응하며 다시 진화한 생물로서, 이 같은 방식의 진화한 생물은 바다뱀 외에도 바다거북, 바다이구아나 등이 있다.

 도마뱀은 왜 자신의 꼬리를 스스로 자를까?

도마뱀은 포식자에게 잡혔을 때 꼬리를 잘라버리고 도망가는 습성이 있다. 일종의 자기방어라 할 수 있다. 잘린 꼬리는 한동안 신경이 살아

도마뱀의 도마는 토막의 옛말이다

있어 꿈틀거리는데 포식자가 잘린 꼬리에 한눈을 파는 사이에 도망가는 것이다. 도마뱀의 꼬리는 마디마디 나누어져 있고 근

육도 연결되어 있지 않아서 꼬리를 잘라도 통증을 느끼지 않는다. 또한 도마뱀은 자신의 몸을 다시 자라나게 하는 재생 능력을 갖춰 금방 새 꼬리가 생긴다.

몸 일부분이 잘려도 해당 부위가 다시 생겨나는 재생 능력은 인간 같은 고등동물보다 진화가 덜 된 하등동물일수록 뛰어나다. 편형동물인 플라나리아는 몸 일부분만 남아 있어도 몸 전체가 다시 재생된다. 갑각류인 게도 적을 만나면 다리를 하나 자르고 도망가며 역시 다리가 다시 자라난다.

 온몸에서 치명적 독이 나오는 독개구리, 자신은 멀쩡한 이유?

남아메리카 열대우림에 사는 독화살개구리(Poison dart frog)는 온몸을 독으로 무장하고 있다. 피부에 에피바티딘(Epibatidine)이라는 신경독이 있어 적들로부터 몸을 보호한다. 그 독의 효능은 버팔로 한 마리를 죽일 만큼 위력이 대단하다.

그런데 맹독이 온 피부를 뒤덮고 있는데도 어떻게 개구리 자신은 멀쩡한 걸까? 미국 텍사스대학교 연구팀은 2017년 「사이언스지」에 그 이유를 돌연변이 때문이라고 발표했다. 독화살개구리의 신경세포 수용체 단백질은 2,500개의 아미노산으로 구성되어 있는데 이 중 3개가 변화되어 신경세포와 에피바타딘의 결합을 차단하고 있다고 설명했다. 연구 발표 뒤, 『내셔널지오그래픽』은 독화살개구리의 몸을 '독을 위해 만들어진 몸(A Body built for poison)'이라고 표현하기도 했다.

 중국에는 재해를 먼저 감지한 두꺼비들이 있다?

2008년 5월 12일 중국 쓰촨성(四川省)에서는 강도 7.8의 대지진이 일어났다. 이때 사망자가 약 7만 명, 중상자가 37만여 명, 실종자가 약 1만 8,000명이나 발생했고, 경제적 피해가 1500억 위안에 달했다. 우리나라도 119 구조대원 44명을 파견하여 구조활동을 도왔다. 그런데 지진이 일어나기 3일 전에 두꺼비들이 무리 지어 이동하는 일이 있었다. 거의 수십만 마리에 다다를 정도였다. 이를 목격한 사람들이 신고했는데, 중국 당국은 비가 이틀에 걸쳐 내린 데다 수온이 상승해 두꺼비들이 산란을 위해 이동했을 거라는 추측을 했었다.

하지만 '제비가 물을 차면 비가 온다.'와 같은 속담이 있듯, 각종 재해가 발생하기 이전에는 징조들이 나타나기 마련이라는 것이 통계학적으로도 입증되었다. 미국 트래블러스보험의 허버트 윌리엄 하인리히(Herbert William Heinrich)가 산업재해 사례 분석을 통해 내놓은 연구에 따르면, 사망사고 1건이 발생하기 전에 평균 29건의 부상 사고가 일어나고 300건 정도의 가벼운 사고가 일어난다. 이를 '하인리히 법칙'이라고 한다. 쓰촨 대지진 당시에는 두꺼비의 대대적인 이동뿐만 아니라, 8만 톤에 달했던 저수지의 물이 갑자기 사라졌다든지, 마치 지하에서 뜨거운 김이 피어오르는 듯한 특이한 구름이 나타났다든지 하는 징조들이 여럿 있었다.

 지렁이가 친환경 농업을 돕는다?

지렁이는 얇은 피부로 숨을 쉰다. 그래서 평소에 땅속에 살다가 비가 와서 땅속에 물이 차면 호흡하기 곤란해져서 생존을 위해 땅 위로 올라온다. 이런 습성의 지렁이는 알고 보면 친환경 농업에 많은 도움을 주는 생물이다.

땅속에 사는 지렁이는 이동하면서 토양을 파고 엎어 땅속 통기와 배수를 원활하게 할 뿐만 아니라, 지렁이의 배설물은 토양의 영양 성분을 증가시킨다. 영국의 학자 찰스 다윈은 "지구상에 모든 흙은 지렁이에 의해 경운되어 왔으며, 이만큼 중요한 기능을 하는 동물은 아마 없을 것이다"라며 농사에서 지렁이의 역할을 높이 평가하기도 했다.

Q 곤충의 피는 무슨 색일까?

곤충의 피는 투명하다. 피 색깔에 관해 이야기하려면 먼저 산소 공급 체계에 대해 알아야 한다. 모든 동물에게 효율적인 산소 공급 체계를 갖추는 것은 생존이 걸린 일이다.

산소는 혈액을 통해 신체 곳곳에 전달된다. 인간의 경우, 혈액이 붉다. 혈액 속 적혈구에 '헤모글로빈'이라는 호흡색소가 있어서다. 헤모글로빈 단백질은 철(Fe) 성분이 있어 산소와 결합했을 때 산화철의 붉은빛을 낸다. 하지만 곤충은 헤모글로빈이 없기에 피가 투명하게 보인다.

Q 파리는 왜 똥파리라고 불릴까?

사람들은 흔히 '똥파리'라는 표현을 자주 쓴다. 똥 냄새만 나면 어떻게 알았는지 파리가 모여들기 때문이다. 그 이유가 무엇일까? 사실 똥은 파리의 번식 장소다. 똥에는 파리의 유충(구더기)을 기를 수 있을 만큼의 영양소가 남아 있어 알을 낳기 위해서 모여드는 것이다. 동물에게 있어 자기 종족을 퍼트리는 번식 작용은 본능이다. 좀 더럽게 보이긴 해도 파리 역시 종족 번식을 위해 본능에 충실한 생물이라고 이해해보자.

파리는 어째서 앞발을 비벼댈까?

파리는 식사를 엄청나게 지저분하게 해서 먹이를 먹고 나면 음식물이 온몸에 묻는다. 이를 그냥 방치하면 곰팡이가 생기기 때문에 파리는 앞다리를 비비는

파리의 애벌레는 구더기이다

행동으로 몸에 묻은 음식물을 떨어뜨린다. 그뿐만 아니라 파리는 다리가 깨끗해야만 다른 음식을 먹을 수 있다. 파리는 발끝에 있는 두 발톱 사이의 발바닥으로 냄새와 맛을 느낀다. 파리가 쓰레기통, 화장실 등에 출몰하긴 하지만 이런 습성 봤을 때 더러운 곤충이라고만 여기기는 어려울 듯하다.

 모기의 주식은 동물의 피가 아니다?

많은 사람의 오해 중 하나가 모기가 사람을 비롯한 동물의 피만 빨아먹고 산다는 것이다. 이는 사실이 아니다. 모기는 평소에 꽃의 꿀이나 나무의 수액, 이슬 등을 먹고 산다. 그리고 특별한 때에는 사람은 물론 여러 동물을 물어 피를 빨아먹는다.

그렇다면 언제, 왜 모기는 동물을 무는 걸까? 그것은 바로 모기가 알을 낳기 전이다. 동물의 피에는 알이 자라는 데 필요한

단백질과 철분이 많아서다. 모기는 주둥이가 길고 윗입술이 대롱 모양으로 돼 있어서 피를 빨아먹기에 적합하다. 일단 동물을 물면 5~9초 동안 자기 몸무게 2~3배에 달하는 양의 피를 먹는다. 가끔 천천히 날아다니는 모기를 잡으면 피가 배어 나오기도 하는데, 배를 한껏 채운 모기는 피의 무게 때문에 빨리 날 수 없어서다.

모기는 뚱뚱한 사람을 특별히 좋아한다?

모기는 시각과 후각, 열감으로 사람을 찾아낸다. 사람이 내뱉는 이산화탄소를 통해 50m 밖에 있는 사람을 감지하고, 10m 거리 이내로 접근

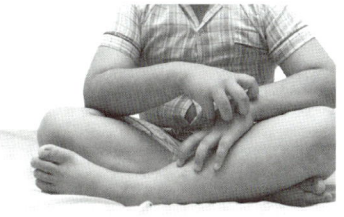

비만은 모기를 유혹한다

하면 시각으로 목표물을 탐색할 수 있다. 모기는 날씬한 사람보다 뚱뚱한 사람이나 임산부를 잘 감지하는데, 이는 정상 체중의 사람보다 이들이 호흡량이 많아 이산화탄소를 더 많이 배출하기 때문이다. 임산부는 일반인보다 이산화탄소를 약 2% 더 내뿜는다. 술을 마신 사람도 보통 때보다 대사율이 높아져 이산화탄소 배출이 늘어나므로 모기를 유혹하게 된다. 그 외에 모기는 땀 냄

새, 발 냄새 등과 향수 같은 달콤한 향기를 잘 감지한다.

 벌레 물린 곳에 침을 바르면 효과가 있을까?

　모기나 벌레에 물리면 침을 바르는 사람이 많다. 침을 바르면 가려움도 덜 해지고 상처도 빨리 아무는 것 같다는 이유에서다. 과연 그럴까? 삼성서울병원 알레르기센터는 이런 행동이 아무런 효과가 없으며 오히려 침 속의 세균으로 인해 상처가 덧날 위험이 있다고 한다. 다만 침을 발랐을 때 가려움이 줄어드는 것은 침이 알칼리성이라 산성인 벌레의 독을 중화시켜 자극을 줄이기 때문이라고 밝혔다.

　침은 90%의 물과 유기, 무기 물질로 이루어져 있으며 항균, 소화 및 혈액 응고 촉진 등의 작용을 한다. 하지만 이 단백질의 양은 극히 적기 때문에 면역 효과는 미미하며, 오히려 침 속의 연쇄상구균이나 포도상구균 등이 상처를 악화시킬 위험이 높다. 게다가 벌레 물린 부위는 약한 산성으로 변하므로 이를 중화시키는 알칼리성 용액인 묽은 암모니아수를 바르는 것이 훨씬 효과가 좋다.

곤충은 어째서 전등이 있는 곳으로 모여들까?

곤충은 물체에 닿는 것을 좋아하는 주촉성(走觸性)과 빛을 향해서 가는 성질인 주광성(走光性) 등의 성질이 있다. 밤에 활동하는 곤충은 대게 주광성이 강해서 밝은 전등의 불빛에 몰려드는 것이다. 이에 비해 바퀴벌레는 주촉성이 강한 곤충이다. 바퀴벌레의 행동을 관찰해보면 대부분 집의 구석에 가까이 붙어 있는 모습이 포착된다. 몸이 물체에 닿는 것을 안전하게 느끼기 때문이다.

 개미의 수명은 어느 정도일까?

개미의 수명은 종류에 따라 다르다. 개미는 크게 알을 낳는 여왕개미, 짝짓기를 위한 수개미, 노동하는 일개미와 병정개미가 있다. 평생 알을 낳는 여왕개미의 평균 수명은 약 5~10년으로 개미 중에서 가장 오래 산다. 하지만 노동을 하는 일개미와 병정개미의 경우 평균 수명이 1~2년이다. 수개미의 경우 평균 수명이 가장 짧은데 약 6개월이다. 수개미는 여왕개미와의 짝짓기 후에 곧 죽는다.

한편 여왕개미와 일개미의 평균 수명이 이처럼 크게 차이가 나는 이유가 수면 시간 차이 때문이란 주장도 있다. 미국 사우스플로리다대학교와 텍사스대학교 연구진이 개미의 잠자는 습관을 관찰한 결과다. 이에 따르면 여왕개미는 하루 평균 9시간을 자지만, 일개미는 하루 평균 4시간 48분을 자는 것으로 조사됐다.

포도밭을 초토화해 세계 와인 산업을 망친 초미니 벌레가 있다?

와인 업계에서 너무나도 싫어하는 벌레가 있다. 바로 필록세라(Phylloxera)로 포도나무에 서식하는 1㎜ 내외의 아주 작은 진딧물이다. 필록세라는 포도나무 뿌리에 기생하는데 포도나무의 진액을 빨아먹으며 순식간에 포도나무는 물론 포도 과수원 전체를 황폐화한다. 유럽에서는 1863년에 처음 필록세라는 발견되었는데 당시 유럽의 포도밭을 완전히 초토화했다. 필록세라는 남아프리카공화국까지 번져서 그곳 포도 과수원까지 모두 망쳤다. 이에 따라 세계의 주요 와인 생산지에서 와인을 제대로 생산할 수가 없어 와인 업계는 큰 손해를 봤다.

사실 그전부터 필록세라는 미국산 포도나무에서 살고 있었다. 그런데 미국산 포도나무는 내성이 있어 이런 소동이 없었다. 이 점에 착안해서 미국산 포도나무 뿌리와 유럽산 포도나무를 접붙인 새로운 품종을 만들자 필록세라로 인해 포도나무가 고사하는 문제를 해결했다.

Q 하루에 커피 500잔도 거뜬한 벌레가 있다?

인간보다도 훨씬 커피를 사랑하는 벌레가 있다. 바로 커피 열매 천공 벌레(Coffee berry borer)다. 어찌나 커피를 좋아하는지 아예 커피콩에서 살기도 한다. 겨우 0.7~2.2㎜에 불과한 작은 벌레여서 가능한 일이다.

이 벌레는 카페인에 무척 강하다. 심지어 하루 500잔의 에스프레소를 마시는 것과 같은 양의 카페인을 먹어도 전혀 이상이 없다. 이 능력 때문에 커피 산업에 큰 피해를 보자, 미국 로렌스 버클리국립연구소의 자비어 세자-나바로(Javier Ceja-Navarro) 박사와 연구팀이 조사를 벌였는데, 커피 열매 천공 벌레는 체내에 특수한 미생물이 있었다. 카페인을 분해해서 영양분으로 삼는 박테리아였다.

Q 식충 식물인 파리지옥풀의 위험한 사랑을 도와주는 곤충이 있다?

파리지옥풀은 쌍떡잎식물 끈끈이귀개과의 여러해살이 식물로 곤충을 잡아먹는 식충 식물이다. 보통 식물의 번식은 곤충이 꽃가루받이를 도와

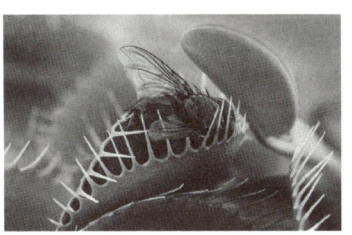
대표적 식충식물인 파리지옥풀

이뤄지는데 식충 식물이니 그 과정을 밝혀내기가 힘들었다. 그러다 같은 꽃에 있는 암술에서 수분이 되는 자가수분을 한다고 알려졌었는데 2018년 미국 노스캐롤라이나대학교의 연구팀이 새로운 연구 결과를 발표했다.

특정 곤충 3종이 다른 파리지옥풀에서 묻혀온 꽃가루를 몸에 묻혀 또다른 파리지옥풀로 옮긴다는 내용이었다. 이들은 꼬마꽃벌과 큰뿔딱정벌레, 바둑무늬딱정벌레였다. 대부분의 곤충은 파리지옥풀이 잡아먹곤 했는데 과연 그 이유가 무엇일까? 파리지옥풀이 곤충을 잡는 덫 안에는 작은 가시들이 있다. 이 가시들은 곤충이 덫 안에 제대로 들어오는지 확인하는 역할을 한다. 곤충이 가시를 2개 이상 건드리면 덫을 닫아 곤충을 잡는다. 덫 안에 완전히 들어왔을 때만 닫아 에너지를 절약하기 위해서다. 그런데 세 곤충은 파리지옥풀의 가시를 2개 이상 건드리지 않았다. 파리지옥풀의 생리를 잘 안 덕분에 파리지옥풀의 꽃가루받이를 도와주고, 자신들도 안전하게 먹이 활동을 할 수 있는 것이다.

까마귀는 은혜를 갚을 줄 아는 동물이다?

우리나라에서는 까마귀를 불길한 흉조의 상징으로 여기지만 사실 까마귀는 자신을 챙겨준 사람에게 은혜를 갚을 줄도 아는 높은 지능의 영리한 새다. 영국 BBC는 평소 모이를 챙겨준 어린 소녀에게 보석을 물어다 준 까마귀의 사연을 뉴스로 전했다. 뉴스의 주인공인 소녀는 까마귀들을 위해 집 뒷마당에 새집과 먹이통을 설치하고 돌봤다고 한다. 그런데 어느 날부터 까마귀들이 먹이를 먹고 떠난 자리에서 여러 종류의 보석이 발견됐다. 반짝이는 물건을 수집하는 습성이 있는 까마귀들이 소녀에게 보석을 준 것이다.

Q 새대가리라고 비하되지만 실제로 새의 지능은 의외로 높다?

우둔한 사람을 가리켜 '새대가리'라고 비하할 만큼 일반적으로 새가 지능이 낮다는 인식을 하지만, 실은 새들이 전부 멍청하지는 않다. 다음 에피소드들은 그런 선입견을 깨준다.

· **까마귀:** 영국 옥스퍼드대학교 연구팀은 긴 시험관에 먹이를 넣어두고, 그 옆에 철사를 놓은 뒤 뉴칼레도니아 까마귀의 행동을 관찰했다. 잠시 고민하던 까마귀는 부리로 철사를 구부리고 갈고리를 만들어서 먹이를 꺼내 먹었다.

· **닭:** 닭은 24가지 음계의 울음소리로 소통하고, 포식자를 발견하면 하이톤의 경고음을 낸다. 특히 암탉이 있을 땐 바로 신호

를 보내지만, 수탉만 있다면 신호를 보내지 않는다. 라이벌로 여기기 때문이다.

· **앵무새**: 동물 심리학자인 아이린 페퍼버그 박사는 알렉스라는 앵무새에게 30년 동안 말을 가르쳤다. 그 결과 알렉스는 150여 개의 영어 단어와 색깔, 모양을 이해하게 되었다. 그리고 세월이 흘러 알렉스가 수명을 다해 세상을 떠날 때 페퍼버그 박사에게 '착하게 지내, 사랑해!'라는 유언을 남긴 것으로 유명하다.

Q 대머리독수리의 어쩌다가 대머리가 된 걸까?

진화론의 창시자인 생물학자 찰스 다윈은 대머리독수리의 머리가 벗겨진 것은 세포 감염을 막기 위해 진화된 결과라고 주장했다. 대머리독수리는 주로 죽은 동물의 고기를

대머리수리가 바른말이다

먹이로 삼는다. 보통은 죽은 동물의 몸속에 머리를 박고 고기를 섭취하는데 이때 머리 깃털에 세균이 달라붙어 감염될 가능성이 높다. 하지만 머리에 깃털이 없으면 세균 감염의 가능성이 작아지므로 자연스럽게 깃털이 없어져 대머리로 진화했다는 것이 찰스 다윈의 논리다.

그런데 찰스 다윈의 주장과 달리, 체온 조절을 쉽게 하기 위해 대머리독수리의 머리가 벗어지게 되었다는 학설도 있다. 벗어진 머리를 통해 몸의 열을 내보내 체온이 올라가는 것을 막아준다는 것이다.

Q 왜 사람 손에 키워진 닭은 날 수 없을까?

사람의 손에 키워진 닭은 분명히 다른 새처럼 날개가 있지만 잘 날지 못한다. 이유가 무얼까? 사실 새가 하늘을 날기 위해서는 다음과 같은 조건을 갖추고 있어야 한다. 우선 깃털 날개가 있어야 하고, 공기를 잘 헤치고 나아갈 수 있도록 몸이 날씬해야 한다. 그리고 뼛속이 비어 있어서 몸이 가벼워야 한다. 하지만 사람의 손에 키워진 닭은 날개는 있으나 대개는 몸이 너무 무거워 비행이 불가능하다.

Q 하늘을 못 나는 펭귄이 사실 철새다?

남극에도 계절이 있다. 남극 대륙의 중심부는 연평균 기온이 영하 55도로, 가장 따뜻할 때에는 영하 30도, 가장 추울 때는 영하 70도다. 우리나라의 세종기지와 장보고과학기지가 자리한 연안은 그보다는 기온이 높다. 가장 따뜻할 때는 영하 0.9도, 가장 추울 때는 영하 20도다. 이처럼 남극도 여름이 겨울보다 따뜻하고, 겨울이 되면 바다가 얼어붙을 정도로 춥다. 그래서 대부분 펭귄은 겨울에는 추위를 피해 조금 따뜻한 북쪽으로 이동했다가 여름이 시작되는 11월에 다시 돌아온다. 다만 황제펭귄은 1년 내내 남극에 머무는 텃새다.

펭귄은 비록 하늘을 날지는 못하지만 작은 날개로 열심히 헤엄쳐 장거리를 이동한다. 2010년 미국의 펭귄 연구자인 발라드 박사는 지오로케이터라는 장치를 이용해 남극 로스해에서 주로 사는 아델리펭귄이 연간 평균 1만 3,000㎞를 이동하며, 최대 거리는 1만 7,600㎞에 이른다는 사실을 알아냈다.

 펭귄은 맛을 잘 못 보지만, 눈만큼은 좋다?

사람을 포함한 포유류는 단맛, 쓴맛, 신맛, 짠맛, 감칠맛 등 5가지 종류의 맛을 느낄 수 있다. 반면 조류는 단맛을 제외한 4가지 맛만 느낀다. 그런데 펭귄은 다른 조류보다 더 심각한 미맹(味盲)이다. 단맛뿐 아니라 쓴맛과 감칠맛을 느끼게 해주는 수용체 유전자가 고장 나 작동하지 않는다. 따라서 먹이의 맛을 잘 느끼지 못한다. 이에 비해 시각은 좋다. 황제펭귄과 아델리펭귄은 새벽에 사냥을 나갔다 해 질 무렵 돌아온다. 사냥은 해수면으로부터 50~10m 깊이에서 이루어진다. 이 깊이의 남극 바다는 초저녁처럼 어둡지만, 펭귄은 어두운 곳에서도 먹잇감을 잘 볼 수 있을 만큼 시각이 좋다.

 지구에서 가장 시력이 좋은 건, 바로 타조?

지구에서 시력이 가장 좋은 생명체는 타조다. 인간보다 무려 20배가량 뛰어난 약 25.0의 시력을 보유하고 있다. 이 시력이면 20㎞ 밖의 물체도 구분할 수 있다.

어떻게 타조는 슈퍼 시력을 갖추게 되었을까? 그 비결은 뇌보다 큰 안구에 있다. 테니스공만 한 안구 속 수정체가 볼록렌즈 역할을 해 더 멀리, 더 넓게 볼 수 있다.

 해마다 수많은 새가 유리창에 부딪혀 죽는 이유는?

새는 눈이 머리 양옆에 달려 있다. 덕분에 뒤쪽까지 볼 수 있을 정도로 시야가 넓다. 반면 앞을 볼 수 있는 거리는 무척 짧다. 그래서 물체에 아주 가까이 가기 전에 알아보지 못하는 경우가 종종 있다. 특히 유리를 인지하지 못하곤 한다. 매우 가까이 다가가기 전까진 이것이 진짜 하늘인지, 유리에 비친 하늘인지 잘 구분하지 못하는 것이다. 따라서 자동차와 맞먹는 속도인 시속

30~70㎞로 날고 있던 새가 눈앞에 나타난 유리창을 피하기란 거의 불가능하다.

그런데 창문이 유리로 되어 있는 높은 건물은 점점 늘어나는 추세다. 새가 부딪쳐 죽는 불의의 사고도 이와 함께 점점 늘고 있다. 실제로 미국에선 1년에 4억~10억 마리의 새가 유리창과 충돌해 죽고, 캐나다에선 수천만 마리의 새가 죽는다고 알려져 있다. 상대적으로 땅이 작고 새의 수가 적은 편인 우리나라에서도 1년에 수백만 마리의 새들이 유리창에 부딪혀 죽는다고 추정된다.

 비행기 연착의 주원인은 새들 때문이다?

비행기의 이착륙 및 순항 중 조류가 비행기 엔진이나 동체에 부딪히는 현상을 '버드 스트라이크(Bird strike)'라고 한다. 우리나라에서는 최근 4년간 무려 900여 건의 버드 스트라이크 사고가 있었다. 비행기의 속도는 시속 300~900㎞로 매우 빠르다. 이렇게 빠른 속도의 물체는 가볍게 부딪치기만 해도 큰 충격을 받게 되어 있

비행기 엔진 고장의 주범인 새

다. 예를 들어 시속 370㎞인 비행기에 900g의 새가 부딪히면 약 5,000kg의 엄청난 충격이 가해진다. 그리고 비행기 엔진에 새가 빨려 들어가면 새도 죽고, 엔진이 고장 나면서 비행기도 위험에 처할 수 있다.

왜 새들이 자꾸 비행기와 부딪히는 걸까? 그 이유는 공항 주변에는 사람이나 들짐승이 거의 없고 먹잇감인 곤충이 많아 새들이 모여드는 것이다. 이에 인천국제공항공사는 드론으로 새를 쫓아내는 방법을 시험 중이다. 이 드론은 적외선 카메라로 수풀에 숨어 있는 새들을 발견하고, 스피커로 새들이 무서워하는 천적들의 울음소리와 공포탄 발사 소리를 내보내서 새들을 비행기의 이동 경로 밖으로 내쫓는다.

Q 일부러 흙을 먹는 앵무새가 있다?

남아메리카 중부 태평양 연안, 페루 탐보파타(Tambopata) 지역에는 유명한 관광지가 있다. 이 지역에 사는 마코앵무새들이 기상과 동시에 떼 지어 강변 점토 절벽으로 날아가 흙을 먹는 장관을 볼 수 있는 곳이다. 그런데 호두와 과일 같은 나무 열매가 주식인 마코앵무는 왜 흙을 파먹을까?

이를 연구해온 탐보파타 마코 프로젝트의 브라이트 스미스

교수는 마코앵무의 습성 원인은 식량 부족이 아닌 영양분 섭취, 정확하게는 염분 섭취라고 분석했다. 나무 열매에 절대적으로 부족한 나트륨이 강가 진흙에는 40배 넘게 함유돼 영양 균형을 맞춰준다는 것이다. 이 같은 식습관은 토식증(Geophagy)이라고 불리며 포유류나 조류에게서 종종 관찰된다. 다른 이유지만, 닭 또한 모래를 섭취한다. 모래가 사람의 치아 역할을 하기 때문이다. 흔히 '닭똥집'이라 부르는 부위인 근위에서 모래가 소화 작용을 돕는다.

 새는 매운맛을 느끼지 못한다?

시골에 가면 닭이 고추를 쪼아 먹는 모습을 종종 볼 수 있다. 중남미 안데스나 아마존에 가면 야생고추가 있는데 각종 새가 이를 먹는다. 이에 비해 자연에서 인간을 제외한 포유류들은 고추의 매운맛을 싫어해서 고추에 가까이 가지 않는다. 그런데 새가 고추를 먹을 수 있는 것은 매운맛을 잘 느끼지 못하기 때문이다.

고추 매운맛의 정체는 캡사이신이라는 화학물질이다. 이 물질은 적으로부터 고추를 보호해주는 역할을 한다. 캡사이신은 포유류의 뉴런을 자극해 고통을 느끼게 한다. 하지만 조류는 세포 표면에 화학물질과 꼭 맞는 수용체가 부족해 포유동물보다 캡사이신의 영향을 상대적으로 덜 받는다.

또한 미국 연구자들의 실험에 따르면, 새가 고추를 먹고 난 뒤 배설하면 그 배설물에 종자가 나오는데 이것들은 대부분 발아했다. 하지만 새 이외의 동물이 배설한 배설물에서 나온 종자는 거의 발아하지 못했다. 이에 대해 일본 시즈오카현립대학의 와타나베 다쓰오 교수는 새는 종자를 파괴하지 않고 물리, 화학적으로 열매의 껍질을 부드럽게 만드는 소화관을 갖고 있어 발아를 촉진한다고 했다. 즉, 고추는 새 덕분에 자손을 널리 퍼트릴 수 있는 것이다.

 제주도에서 까치는 길조가 아닌 흉조로 취급받는다?

반가운 손님이 올 때 울음소리를 내 우리나라에서 길조(吉兆)로 여겨지는 까치는 원래 제주도에 살지 않는 새였다. 그런데 1989년 한 스포츠신문사가 아시아나항공과 함께 까치 53마리를 비행기로 실어 제주 관음사와 금산공원에 풀었다. 처음에는 바람, 태풍 등으로 곤욕을 치르다가 결국 소나무 숲에 둥지를 틀면서 까치는 제주도에 정착하게 되었다.

하지만 까치는 현재 제주도에서 흉조(凶兆)로 꼽힌다. 정착한 뒤로 급속히 번식하면서 토착새인 딱새, 직박구리 등의 서식지를 침범해 생태계를 교란하고, 감귤을 마구 쪼아 먹어 농사를 망치고 있어서다. 이에 제주도는 까치의 알을 제거하는 데 대대적으로 나서는 등 피해를 최소화하기 위해 애쓰고 있다.

 저어새는 그 이름처럼 물속을 젓고 다닌다?

우리나라에서 천연기념물 제205호로 지정된 저어새는 검고 주걱처럼 생긴 부리에 시커먼 얼굴과 다리, 새하얀 털이 특징이다. 저어새라는 특이한 이름은 부리를 물속에 넣고 휘휘 저어 먹이를 찾는 모습에서 붙여졌다.

저어새는 멸종위기종이다

저어새는 전 세계적으로도 2,700여 마리만 남아 있는 멸종위기종이다. 전체 저어새 개체의 90%가 한반도 서해안에 찾아와 4~5월에 번식하고, 10~11월경 중국 남부 해안, 대만과 홍콩, 베트남 등지까지 이동해 월동한다. 그런데 현재 저어새는 생존에 큰 위협을 받고 있다. 서식지의 발전소 건립과 해안도로 건설 및 확장 등의 탓이다.

용맹함의 상징인 독수리는 사실 먹이를 사냥하지 못한다?

독수리는 우리나라의 맹금류 중에서도 가장 덩치가 크다. 몸길이가 1~1.5m에 달한다. 우리나라, 티베트, 중국, 몽고, 만주 등지에 분포하는 겨울 철새다. 그런데 겨울철 독수리가 우리나라 파주, 철원 등지에 왔을 때 작은 새들에게 쫓겨 다니는 모습이 종종 목격된다. 어찌 된 일일까? 덩칫값을 못 하는 이런 일은 독수리의 특성 때문이다. 일단 독수리는 둔하다. 그리고 살아 있는 동물을 사냥해서 먹지 않는다. 사체만을 먹이로 삼는다. 그래서 죽은 동물 사체에 접근하다가 까치나 까마귀 같은 성격 있는 작은 새들이 쪼아대면 도망가기도 하는 것이다.

흔히 하는 '독수리가 하늘의 제왕'이라는 말은 매를 독수리로 혼동해서 나온 것이다. 매는 우리나라 텃새로, 조상들이 사냥에 이용했을 만큼 용맹하다.

 박쥐도 겨울잠을 잔다?

'황금박쥐'라고 하는 별명이 있는 붉은박쥐는 우리나라에 사는 새 중에서 가장 특이한 행동을 하는 새일지도 모른다. 붉은박쥐는 1년 중 220일가량을 동굴이나 폐광 등에서 잔다. 10월부터 다음 해 5~6월까지 7개월이나 잔다. 일종의 겨울잠이기는 하지만, 실제로는 초여름까지 잔다. 겨울잠을 자는 다른 동물들은 곰이 12월에서 4월까지, 개구리가 10월에서 3월까지 자는 것과 비교하면 정말 많이 잔다.

붉은박쥐의 특이한 행동은 또 있다. 엄청나게 오래 자다가 일단 깨면 잠자던 곳에서 밖으로 나가서 다음 겨울잠을 잘 때까지 돌아오지 않는다. 무려 3~4개월간 가출하는 셈이다.

 철새 중에는 가락지를 낀 새들이 있다?

전 세계의 새 연구자들, 특히 철새 연구자들이 꾸준히 하는 작업이 있다. 철새를 그물로 포획해서 새의 건강 상태 등을 기록한 뒤, 다리에 가락지를 끼워 다시 날려 보내는 일이다. 금속 재질의 가락지에는 각국의 명칭과 일련번호가 새겨져 있다. 나중에 다른 나라의 새 연구자가 그 새를 포획하거나 관찰했을 때 가락지를 보고 정보를 교환해서 철새 연구에 기여할 수 있다. 비록 이렇게 확인되는 확률은 0.2%밖에 되지 않지만, 그 작은 확률을 기대하면서 연구자들은 가락지 작업을 해오고 있다.

2013년 3월 전남 압해도에서 가락지를 단 도요새 두 마리가 발견되었다. 확인 결과, 이 새들은 9,500여 킬로미터나 떨어진 뉴질랜드에서 2008년, 2009년에 가락지를 부탁한 새들이었다.

지구의 남반구에서 북반구까지 오가는 철새 도요새의 생태 연구에 진전이 가져온 반가운 소식이었다.

몸길이 5m에 육박하던 매머드는 혹독한 기후 탓에 멸종한 게 아니다?

오래전 지구에 살았던 거대한 동물 매머드. 약 480만 년 전부터 4,000년 전까지 존재했던 포유류로, 몸길이가 3~5.5m였으며 긴 코와 4m 길이의 어금니가 있었다.

맘모스는 일본식 발음이다

그리고 몸 전체에 추위를 견딜 수 있는 털이 뒤덮여 있었다. 매머드의 멸종은 혹독한 기후 변화가 그 원인이라고 아는 사람들이 많지만, 사실 매머드를 멸종시킨 건 바로 인간이다.

10만 년 전 현재 인류의 조상인 호모 사피엔스는 살아 있는 동물을 사냥하고 불을 이용해 먹을 수 있는 음식의 범위를 넓히고 조리도 하게 되었다. 7만 년 전에는 사피엔스 일부가 아프리카에서 중동의 레반트 지역, 동아시아에 진출했고, 4만 5,000년 전 호주에도 진출했다. 그때 호주에는 캥거루, 코알라, 웜뱃 등의 대형동물들이 살고 있었다. 그 뒤 수천 년이 지나면서 50㎏ 이상의 동물 24종 가운데 23종이 멸종했다. 사피엔스는 뛰어난 두뇌와 협동심으로 대형 포유류들을 먹이로 삼기 위해 사냥해 멸종시켰다. 또 사피엔스는 얼음으로 뒤덮인 베링해를 넘어 아메리카로 이동했다. 기원전 1만 4000년경 사피엔스가 아메리카에 도착하자 얼마 지나지 않아 북미에서 대형동물 47종 중 34종이, 남미에서 60종 중 50종이 멸종되었다. 말과 낙타도 아메리카 대륙에서 사라졌다.

이렇듯 사피엔스의 등장으로 지구의 대형 포유류가 멸종되었다는 설은 영국 케임브리지대학교와 엑서터대학교 연구진이 첨단 통계 분석법을 이용한 연구에서도 확인된다. 선사 시대 인류가 세계 각지로 흩어진 시기와 매머드가 특정 지역에서 사라진 시기를 분석한 결과, 인간의 정착과 매머드의 멸종이 일치한다.

 경상남도 하동에 악어가 살았다?

더운 나라의 밀림에서나 사는 악어, 그런데 1억 2000만 년 전 한반도에도 악어가 있었다. 2002년 경남 하동에서 화석이 발견되면서 이런 사실이 밝혀졌다. '하동에서 발견된 날카로운 이빨을 가진 악어'라는 뜻으로 '하동수쿠스 아세르덴티스

(Hadongsuchus Acerdentis)'라고 명명된 이 악어는 '원시 악어'에 속한다.

원시 악어는 지금의 악어보다 훨씬 작았는데, 하동수쿠스도 머리뼈 길이가 5.2㎝, 높이가 2.5㎝, 몸길이는 50㎝에 불과하다. 당시 원시 악어는 전 세계에 분포했다. 그러다 다른 악어 종의 경쟁에서 밀리거나 기후 변화 등의 영향으로 멸종된 것으로 추측된다.

Q 장작으로 쓰면 거품을 뿜는 나무가 있다?

나무는 불에 잘 탄다. 하지만 나무에 따라 비교적 불에 잘 타지 않는 나무도 있으며 이들은 '방화수(防火樹)'로 쓰인다. 방화수란 화재에 강한 나무로 화재로부터 집을 보호하기 위해 주로 울타리에 심는다. 그 대표적인 나무가 '아왜나무'다.

아왜나무는 바닷가 산기슭에 주로 자라며 높이 6~10m의 상록수다. 중국과 대만, 일본에 분포하며 우리나라에는 제주도와 부산에서 볼 수 있다. 아왜나무 이름은 일본어 아와부키(アワブキ)에서 유래되었다. 아와부키는 거품을 내뿜는 나무라는 뜻이다. 아왜나무는 불에 닿으면 가지 단면, 잎 등에서 하얀 거품이 뽀글뽀글 생긴다. 이는 나무 속 수분이 밖으로 빠져나오면서 생

기는 현상이다. 거품은 불과 나무 사이의 차단막 역할을 해 나무가 잘 타지 않도록 한다. 아왜나무는 수분을 많이 머금고 있어서 불에 강하다. 방화수로 많이 쓰이는 나무로는 아왜나무 외에 동백나무, 가막살나무, 가시나무 등이 있다.

> **Q 성탄절에 사용되는 대부분의 크리스마스트리는 한국산이다?**

연말쯤이면 예쁜 장식을 달고 곳곳에서 분위기를 돋워주는 크리스마스트리. 크리스마스를 명절이나 축제처럼 지내는 서양에서는 더욱 크리스마스트리를 꾸미는 것 자체가 큰 행사로 여겨진다. 그런데 세계적으로 가장 대표적인 크리스마스트리 나무인 구상나무는 우리나라 제주도에서 해외로 소개된 나무다.

구상나무는 1920년 영국 식물학자 헨리 윌슨에 의해 알려졌다. 친척이라고 할 수 있는 전나무와 비교해 키가 작고, 잎이 빽빽하게 자라 관상용으로 적합하다. 구상나무의 이름은 영어로 'Korean fir(한국 전나무)'고 학명은 'Abies koreana E. H. Wilson'이다. 윌슨의 발표 이후 미국은 구상나무를 개량해 수십 종의 신품종을 만들어내고 특허까지 등록했다. 미국은 개량한 구상나무를 세계로 판매했다. 이후 구상나무는 크리스마스트리로 널리 쓰이게 되었다.

구상나무가 자생하는 숲은 세계에서 우리나라에만 있다. 국내 구상나무 숲의 면적은 약 1,200㏊(헥타르)로 알려져 있으며, 그중 67%가 제주도 한라산에 분포해 있다. 국립산림과학원 난대·아열대산림연구소 조사 결과에 따르면 현재 자생하는 한라산 구상나무 숲의 면적은 803.56㏊다.

 제주도 비자나무 숲에서는 여기저기에서 닭 뼈를 볼 수 있다?

제주도 구좌읍 평대리에 있는 비자나무 숲에 가면 바닥에서 닭 뼈와 너무나도 비슷하게 생긴 비자나무 가지들을 볼 수 있다. 모양도 흡사할뿐더러 그 수도 많다. 왜 이렇게 가지가 수없이 떨어져 있는 걸까?

비자나무 숲에는 비자나무가 모여 살다 보니 생존 경쟁이 치열하다. 그래서 공간이 조금이라도 생기면 나무들은 먼저 자리를 차지하려고 서로 가지를 내민다. 그러다 시간이 흘러 경쟁에 진 나무는 가지를 떨어뜨린다. 숲은 습도가 높기 때문에 땅에 떨어진 비자나무 가지들은 금방 썩는데 나무껍질이 썩고 나면 안쪽의 고갱이만 남는다. 이 고갱이는 손가락만 한 길이로 표면이 갈색으로 변하며 이것이 영락없이 닭 뼈처럼 보인다.

Q 동백나무가 겨울에 꽃을 피우는 것은 동박새 덕분이다?

동백나무는 우리나라에서 11월 말경부터 꽃을 피운다. 다른 식물이 주로 꽃을 피우는 시기가 아니어서 벌이나 나비를 유혹하는 경쟁을 피할

섬 지방에 특히 많은 동박새

수는 있지만, 추울 때라서 꽃의 꽃가루를 퍼뜨릴 벌과 나비가 없다는 것도 문제다. 그래서 동백나무에게 동박새는 고마운 존재다. 꽃가루를 옮겨주는 전용 메신저 역할을 하기 때문이다.

동백새는 참새목 동박새과에 속하며 몸길이 약 11㎝의 작은 새다. 작은 곤충을 잡아먹고 사는데 동백꽃의 꿀을 무척 좋아한다. 추운 계절 고열량의 동백꽃의 꿀은 동박새에게 필요한 먹이다. 동백나무는 꿀 외에도 꽃의 색상으로 동박새를 끌어들이려 애쓴다. 특히 붉은색은 새에게 강한 인상을 남기는 색상으로 알려져 있다.

Q 음나무는 어릴 때 가시투성이다가 자라면 가시가 없어진다?

음나무는 새싹이 쌉쌀하고 달콤하여 초식동물은 물론 사람까지도 이를 좋아한다. 그래서 살아남으려는 방법으로 날카로운

짧은 압정 같은 가시를 세운다. 특히 새로 난 가지를 이 가시가 완전히 둘러싼다. 그런데 이는 약 2m 이하의 어린 음나무에 해당하는 이야기다. 그보다 더 자라 키가 크고 줄기가 굵어지면 가시는 사라진다. 2m가 넘으면 노루, 사슴 등의 초식동물들이 가지에 난 새싹을 먹지 못하므로 이렇게 진화한 것이다.

5

알아두면 편리한
사회 상식

미국의 욜로 유행은 국민의 의료보험 가입을 위해서였다?

　욜로(YOLO)라는 말이 유행하고 있다. 욜로는 'You Only Live Once', 즉 '인생은 한 번뿐'이라는 의미다. 이 말은 1964년 3월 출간된 영국의 추리 작가 이언 플레밍(Ian Fleming)의 소설 『007 두 번 산다(You only live twice)』의 제목을 응용해서 만들어졌다. 2011년 유명 래퍼인 드레이크(Drake)가 발표한 노래 「The motto」에 등장하면서 욜로라는 말이 주목받기 시작했다. 이 노래는 '인생은 한 번뿐이니 작은 일에 연연하지 말고 후회 없이 즐기고 사랑하며 배워라'는 내용이다. 그리고 2016년 2월 당시 미국 대통령이었던 버락 오바마가 국민의 의료보험 가입을 의무화하는 개혁안인 '오바마 케어'를 홍보하는 영상을 만들어 배포했다. 직접 영상에 출연한 오바마는 마지막에 "욜로, 맨(YOLO, man)"이라고 외쳤는데, 이를 계기로 욜로는 세계적인 유행어가 되었다.

욜로족과 함께 타임키퍼스 앱이 인기다?

　자신의 현재에 충실한 욜로족이 늘어남에 따라 최근 주목받는 서비스가 있다. 바로 타임커머스(Time commerce)다. 유통 기한이 얼마 남지 않은 상품을 시간이 갈수록 점점 더 저렴하게 판매하는 방식을 가리킨다. 마트의 영업 마감 때의 세일과 비슷한 구조인데, 요즘에는 항공권이나 숙박 등의 분야에서 이런 서비스를 제공하는 앱이 특이 인기를 끌고 있다. 미리 구매해야 싸게 살 수 있다는 고정관념을 깬 이런 앱들은 여건이 마련되면 바로 여행을 바로 떠나려는 욜로족의 생활 방식과 잘 맞는다.

 북태평양에는 플라스틱 섬이 있다?

1997년 찰스 무어 선장이 북태평양을 건너다가 희한한 섬을 발견하고 경악을 금치 못했다. 진짜 섬이 아니라, 플라스틱 쓰레기가 엄청나게 모인 플라스틱 섬이었기 때문이다. 이후에도 플라스틱 섬은 북태평양에서 종종 발견되고 있다. 왜 유독 북태평양에 플라스틱 섬이 생겨난 걸까? 이는 환류 해역이 있어서다. 시계 방향으로 천천히 소용돌이치는 환류 해역에 일단 쓰레기가 떠밀려 가면 빠져나가지 못하고 한곳에 계속 모이게 된다.

플라스틱 섬은 생태계에 악영향을 미쳐 문제가 되고 있다. 강한 자외선이 플라스틱을 쬐면 눈에 보이는 않을 만큼 아주 작은 미세 플라스틱이 생긴다. 새들과 물고기들이 먹이로 알고 미세 플라스틱을 먹고 죽는 일이 속출하고 있다. 그야말로 플라스틱 섬은 죽음의 섬이다.

Q 쓰레기 문제는 우주에서도 골칫거리다?

우주에도 쓰레기가 있다. 오래된 인공위성이나 관련 시설 등이 우주에서 역할을 다 마친 뒤에 그대로 우주에 방치된 것이 바로 우주 쓰레기

우주 쓰레기는 인공위성을 파손시킨다

다. 2014년 제86회 아카데미 시상식에서 감독상 등을 수상한 영화 「그래비티(gravity)」도 우주 쓰레기로 인해 사건이 일어난다. 주인공인 스톤 박사가 허블 우주망원경을 수리하다가 폭파된 러시아의 인공위성 잔해와 부딪히면서 우주에 홀로 남겨져 지구에 귀환하기까지의 분투가 그려진다.

이처럼 우주에는 지구로 떨어져 피해를 줄 가능성이 있는 우주 쓰레기가 19만여 개나 된다. 그리고 이런 우주 쓰레기들이 일으키는 현상을 '케슬러 증후군(Kessler syndrome)'이라고 한다. 1978년 나사의 도널드 J. 케슬러 박사가 우주 쓰레기가 우주의 다른 시설 등과 충돌해 연쇄적으로 폭발이 일어날 수 있음을 경고하면서 만들어진 용어다. 전문가들에 따르면, 우주에서는 지름 10㎝의 파편 하나가 위성을 박살 낼 정도의 파괴력을 가지고 있어서 대책 마련이 시급하다.

가난한 것도 아닌데 쓰레기를 주워 먹는 사람들이 있다?

버려지는 음식물 쓰레기 문제를 심각하게 받아들이고 이를 해결하고자 적극적으로 행동하는 이들이 있다. 그중 쓰레기통을 뒤져 먹을 만한 쓰레기를 찾아내는 사람들이 있다. 음식 살 돈이 없어서가 아니라 이 세상에 얼마나 멀쩡한 음식이 마구 버려지는지를 고발하기 위한 행동이다.

이들은 프리건(Freegan)이라고 불린다. '자유롭다(Free)'와 '채식주의자(Vegan)'의 합성어로 '무료(Free)'로 '얻는다(Gain)'는 뜻도 있다. 프리건은 대부분 상품이 인간과 동물, 지구환경 등의 직간접적인 착취를 통해 생산된다고 여기고 그런 체제에서 만들어진 상품의 소비를 거부한다. 이들의 쓰레기 뒤지기는 기존 체제 즉, 자본주의 시스템으로부터 불거진 폐단에 저항하는 하나의 대안적인 운동인 셈이다.

10만 년 동안 썩지 않는 쓰레기가 있다?

사람들이 버린 수많은 쓰레기는 재활용되거나, 땅에 묻히거나, 태우거나, 바다로 배출된다. 그런데 이런 일반적인 방법으로 처리가 안 되는 쓰레기가 있다. 바로 핵폐기물이다. 게다가 핵폐기물은 독성이 매우 강해서 10만 년 정도는 지나야 정화가 된다.

원자력 발전소나 병원, 연구소 등에서 나오는 쓰레기 중 방사성 물질이나 방사성 원자핵에 오염된 물질을 핵폐기물이라고 한다. 생명체는 핵폐기물과 접촉하면 치명적인 손상을 입을 수 있어서 보통 핵폐기물은 콘크리트 등으로 밀봉해서 땅속이나 바다에 묻는다.

 핵폐기물 쓰레기를 영구 처리하는 핀란드식 해결책이 각광받는다?

함부로 버려서는 안 되는 위험한 쓰레기인 핵폐기물. 핀란드 정부는 거대한 핵폐기물 저장소 온칼로(Onkalo)를 만드는 엄청난 계획을 세워 주목받고 있다. 핀란드 정부는 남서부 해안 도시 에우라요키(Eurajoki)에 세계 최초로 핵폐기물 영구 처리장 온칼로를 건설 중이다. 10년 동안 지질조사를 한 끝에 핵폐기물이 정화되는 기간인 10만 년 정도는 끄떡없다는 결과가 나와 선정된 장소다.

현재 에우라요키에 지표면에서 깊이 450m까지 큰 나선 모양의 5㎞ 길이로 터널을 파고 있다. 에우라요키는 2020년에 완공되면 앞으로 100년 동안 약 9,000t의 핵폐기물을 저장해서 2120년에 콘크리트로 메워 폐쇄할 예정이다.

중국에는 얼굴을 인증해야 이용 가능한 공중화장실이 있다?

중국의 유명 관광지 화장실에서 화장지를 사용하려면 얼굴 인증을 받아야 한다고 해서 화제가 되었다. 화장지 낭비를 막기 위한 강력한 조치인데, 비단 중국뿐 아니라 어디든 공중화장실에서 화장지를 평소보다 더 헤프게 쓰는 경향이 있다. 비슷한 사례로, 공중화장실에서처럼 여럿이 사용하는 물건을 함부로 쓴다든지, 자연이 오염되건 말건 공장에서 해로운 성분을 마구 배출한다든지 등도 들 수 있다.

과연 왜 그럴까? 바로 이런 사례를 설명할 때 등장하는 원리가 '공유지의 비극(the tragedy of the commons)'이다. 개인의 이익 추구가 결과적으로 모두의 이익을 감소시킬 수 있다는 것이다. 영국에서 산업혁명이 시작된 시점에 실제로 일어났던 사건을 바탕으로 생겨난 개념이다. 주인이 따로 없는 공동 방목장이 있었는데 농부들이 경쟁적으로 더 많은 소를 끌고 나오는 바람에 방목장은 곧 황폐화되었다. 1968년 생물학자인 개릿 하딘(Garrett Hardin)은 이 개념을 정립하고 『사이언스』지에 소개했다.

 에어컨 없이도 시원한 건물이 아프리카에 있다?

무더운 아프리카 짐바브웨에 에어컨 없이도 쾌적한 대형 쇼핑몰이 있다. 바로 친환경 건축물인 '이스트게이트 쇼핑센터(Eastgate Centre)'다. 건축가 믹 피어스(Mick Pearce)가 설계해 1996년 준공한 10층 규모의 이 건물은 같은 규모의 건축에 비해 전력량이 10%에 불과하며, 그 비결은 흰개미집의 대류 현상을 건축에 접목한 것이다.

흰개미집은 표면의 수많은 구멍으로 바깥과 연결된다. 그리고 아래쪽 생활공간에서 발생한 더운 공기가 대류 현상에 따라 개미탑의 위쪽 구멍으로 밖으로 빠져나가도록 개미들은 집을 높이 쌓아 올린다. 그렇게 해서 더운 공기가 빠져나간 내부에는 바닥의 구멍으로 선선한 새 공기가 들어온다. 흰개미집을 모방한 이스트게이트 쇼핑센터의 꼭대기에는 63개의 통풍구를 설치했다. 이를 통해 더운 공기가 빠져나가고, 맨 아래층 바닥에 수많은 구멍을 뚫어 지하의 차가운 공기가 쇼핑센터 내부로 들어오도록 했다. 그 결과 쇼핑센터는 한여름 한낮에도 24℃의 실내 온도를 유지한다.

 앞으로는 그린칼라가 뜬다?

특정 직업군을 색상으로 구분하는 용어가 있다. '화이트칼라(White-collar)'는 사무직에 종사하는 노동자를, '블루칼라(Blue-collar)'는 푸른 작업복을 입는 육체노동자를 가리킨다. 앞으로는 '그린칼라(Green-collar)'가 각광받는 시대가 올 것이라는 전망이다. 환경 분야에서 활약하는 에너지 전문가, 자원 절약 전문가, 리사이클링 분석가, 환경 컨설턴트 등을 이에 해당된다. 앞으로 과학기술 발달, 기후 변화, 자원 고갈, 인구 구조 변화 등이 일어났을 때 필요한 직업들이다.

그린칼라는 전도유망한 미래 직업이다

Q 우리나라의 공휴일 지정은 누가 하는 걸까?

해가 바뀔 때 새 달력을 보면서 가장 먼저 확인하는 것은 아마도 공휴일, 일명 '빨간 날'일 것이다. 과연 공휴일은 누가 정하는 걸까? 공휴일의 정식 명칭은 '법정 공휴일'이다. 법정 공휴일이란 '관공서의 공휴일에 관한 규정'에 휴일로 정해진 날로 관공서 공휴일 규정은 대통령령으로 정한다. 즉, 행정부의 대표인 대통령이 관공서들의 휴일을 정한 규정에 따라서 쉬는 날이다. 우리나라의 법정 공휴일은 다음과 같다.

- 새해 첫날: 1월 1일

- 설날: 음력 12월 31일~1월 2일

- 삼일절: 3월 1일

- 어린이날: 5월 5일

- 석가탄신일: 음력 4월 8일

- 현충일: 6월 6일

- 광복절: 8월 15일

- 추석: 음력 8월 14일~16일

- 개천절: 10월 3일

- 한글날: 10월 9일

- 성탄절: 12월 25일

이외에 공휴일에는 '대체 공휴일'과 '임시 공휴일'도 있다. 공휴일이 토요일, 일요일 등 원래 휴일과 겹칠 때 공휴일 다음의 첫 번째 날을 대체 공휴일로 정한다. 그리고 임시 공휴일은 국무회의에서 정부가 지정할 수 있는 공휴일이다. 선거, 올림픽 등 국가적인 중요한 행사가 시행될 때 임시 공휴일이 지정된다.

열 살이라도 범죄를 저지르면 어른처럼 처벌받는 나라가 있다?

우리나라는 형법 9조에 따라 만 14세 미만은 '촉법소년', 그 이상부터 19세 미만은 '범죄소년'으로 나뉜다. 촉법소년은 범죄를 저질러도 처벌받지 않으며 훈방 조치나 소년법에 의한 보호처분만 받는다. 형사처벌을 받는 범죄소년도 최대 형벌 수위가 20년으로 제한되며 감형도 받을 수 있다.

그런데 최근 몇 년 사이 청소년들이 잔혹한 범죄를 저질러 사회적인 파장이 컸다. 19세 미만의 청소년이 범죄를 저질렀을 때 형사 처분에 관한 특별 조치하는 소년법을 폐지하자는 논란마저 일고 있다.

해외의 형사 책임 최저 연령을 살피면 무려 만 7세부터 처벌을 받는 곳도 있어 소년법 폐지 주장에 힘을 실어주고 있다. 태국, 인도, 아프가니스탄 등 32개국이 이에 해당한다. 기준이 만 10세인 국가는 호주와 영국 등 18개국이고, 만 14세인 국가는 우리나라를 비롯해 일본, 독일, 오스트리아, 대만 등 40개국이다. 18세의 국가는 룩셈부르크와 베네수엘라 등 5개국이다.

 왜 특종은 새벽 3시에 많이 터질까?

오전 3시에 기사를 올리는 언론사는 대부분 조간신문사다. 새벽에 배달해 아침에 보는 신문을 만드는 회사다. 즉 당일 아침 신문 기사를 인터넷에 옮겨 내보내는 것이다. 기준이 오전 3시인 것은 신문 발송 시스템 때문이다. 조간신문사는 대개 신문을 새벽 3~4시부터 배포하기 시작한다.

Q 녹색 신호등이 깜박일 때, 보행자는 건너도 될까?

횡단보도를 건널 때 녹색등이 깜박일 때 보행자는 갈등을 겪게 된다. 이럴 때 건너도 될까? 안 될까? 법적으로는 '안 된다'가 정답이다. 도

최초의 신호등은 1868년에 생겼다

로교통법 시행규칙 제6조 제2항 별표 2에 따르면 '보행자는 횡단을 시작하여서는 안 되고, 횡단하고 있는 보행자는 신속하게 횡단을 완료하거나 그 횡단을 중지하고 보도로 되돌아와야 한다.' 녹색불이 깜박이고 있다면 횡단을 아예 하지 말라는 뜻이다.

그렇다면 녹색등이 깜박일 때 횡단보도를 건너다 사고가 난다면 보행자의 책임은 얼마큼일까? 녹색등 점멸 중 보행자가 차에 치였다면 운전자에게 전적으로 책임이 있다는 대법원 판결이 있다. 반면 보행자가 일부 책임을 지게 되는 경우도 있다. 깜박

이는 동안 횡단보도를 건너다 빨간불로 바뀐 뒤 사고가 난 경우다. 이런 판결들은 각 상황에 따라 결론이 다를 수 있지만, 종합해볼 때 보행자는 신호등의 지시를 철저히 지키고, 또한 절대로 무리하게 횡단보도를 건너지 않는 것이 맞다.

 알파고에는 여러 종류가 있다?

2016년 3월 구글의 자회사 딥마인드가 개발한 인공지능 바둑 프로그램인 알파고와 우리나라의 이세돌 9단이 바둑 대결을 벌였다. 결과는 4대 1로 알파고의 승리로 끝났다. 이 사건으로 알파고는 우리나라에서 너무나도 유명해졌다.

그런데 딥마인드가 개발한 알파고는 하나가 아니다. 여러 종류가 있다. 이세돌 9단과의 대결에서 이긴 알파고의 정확한 이름은 '알파고 리(Lee)'다. 이후 인류 최강의 바둑 고수로 꼽히는 중국의 커제(柯潔) 9단을 이긴 알파고는 '바둑을 마스터했다'는 의미에서 '알파고 마스터(Master)'라는 이름 붙여졌다. 가장 나중에 개발된 버전은 '알파고 제로(Zero)'다. 제로는 인간의 지식으로부터 전혀 도움을 받지 않았다는 점에서 딴 명칭이다. 이전 알파고들과 달리 알파고 제로는 바둑의 규칙을 제외하면 어떤 인간의 자료나 조언, 지식의 도움을 받지 않았다.

구글 딥마인드가 2017년 10월 19일 학술지 『네이처』에 발표한 「인간 지식 없이 바둑 정복하기(Mastering the game of go without human knowledge)」 논문에 따르면, 알파고 제로는 강화 학습의 방법론에만 의존해서 학습을 시작한 3일 만에 알파고 리를 따라잡았고 학습 21일째에는 알파고 마스터를 따라잡았다. 알파고 제로는 독학 과정에서 인간이 알고 있는 정석을 스스로 깨달았을 뿐만 아니라, 독특한 정석을 개발하기도 했다. 논문 발표 이전인 2017년 5월 알파고 제로는 바둑계에서 은퇴했다. 바둑 분야에서 이미 너무나도 높은 수준에 다다랐기 때문이며, 딥마인드는 바둑과 관련한 인공지능 개발 대신에 자율주행 연구에 주력할 예정이다.

 휴대전화가 인간의 머리를 '팝콘 브레인'으로 만든다?

최근 유튜브, 페이스북, 트위터를 비롯한 소셜 네트워크 기반의 유명 IT 기업에서 근무했던 개발자들이 양심선언을 했다. 회사에서 일할 때 사용자의 정신을 이른바 '납치'하려는 알고리듬을 개발하는 데 몰두했다고 말이다. 사용자가 오랜 시간 서비스를 이용할수록 기업의 수익이 늘어나기 때문이었다. 따라서 개발자들은 사용자의 기호와 취향에 맞춘 콘텐츠를 끊임없이 공급

해서 스마트폰이나 컴퓨터를 떠나면 궁금하고 불안하게 만들려고 애썼다고 한다.

인간은 자극에 지속해서 노출되면 뇌가 전보다 더 강한, 팝콘이 터지듯 크고 강렬한 자극을 원하게 된다. 이를 '팝콘 브레인(Popcorn brain)'이라 한다. 미국 워싱턴대학교 정보대학원의 데이빗 레비(David Levy) 교수가 만들어낸 용어다. 팝콘 브레인 증상은 컴퓨터와 스마트폰과 같은 전자기기를 지나치게 사용하거나 여러 기기로 멀티태스킹을 할 때 심해지는 경향이 있다. 일종의 중독 상태로 보면 된다. 따라서 소셜 네트워크 기반의 유명 IT 기업에서 일했던 개발자들의 양심선언은 너무나도 충격적일 수밖에 없다.

 휴대전화 요금제는 일부러 복잡하게 만들어져 있다?

휴대전화 요금제가 너무 복잡하다는 고객의 불만은 어제, 오늘 일이 아니다. 요금제는 물론, 부가서비스 옵션이나 통신사의 다른 서비스와 연계한 옵션까지 포함하면 요금제의 가짓수는 어마어마할 뿐만 아니라 내용을 살피면 더 복잡하다.

고객이 한눈에 이해하도록 요금제를 단순하게 만들면 안 되는 걸까? 사실 통신사의 진짜 전략은 새로운 고객의 유치가 아니어서 그렇다. 일단 통신사 서비스를 이용하고 있는 기존 고객이 빠져나가지 못하게 하는 데 있다. 사람들에게는 아주 복잡한 상황에 놓이면 이를 분석해 문제를 풀기보다는 피하거나 포기하려는 심리가 있다. 이를 이용한 통신사의 고도 전략이 바로 복잡한 요금제다. 더불어 통신사 서비스를 오래 이용한 고객에게 제공되는 멤버십 서비스도 실은 고객의 발목을 붙잡는 수단이다.

 스페인에는 스페인어를 쓰지 않는 지역이 있다?

스페인 동북부에 위치한 카탈루냐는 바르셀로나·예이다·지로나·타라고나 등 4개 주로 구성되어 있다. 인구 약 756만 명의 카탈루냐

스페인의 국토는 한반도의 약 2배이다

는 상공업과 관광 산업이 탄탄해 스페인 전체 경제 규모의 20% 정도를 차지한다. 그리고 지난 300여 년간 스페인으로부터의 분리 독립을 요구하는 중이다. 카탈루냐는 본래 독자적 언어와 문화를 지닌 독립 국가였으나 1714년 스페인에 강제 병합되었다. 2006년 일부 분야에서 자치권을 스페인 정부로부터 부여받았으나 카탈루냐는 완전한 독립을 하겠다는 입장이다.

2011년 재정난을 겪은 스페인 정부가 적자를 메우기 위해 카탈루냐에 더 많은 세금을 징수하자, 카탈루냐 사람들의 독립 요구는 더욱 거세졌다. 카탈루냐가 독립을 주장하는 가장 큰 이유는 독자적인 문화와 정체성에 있다. 카탈루냐 사람들은 오랜 기간 스페인에 속해 있었지만, 스페인 문화에 융화되지 못하고 여전히 스페인어 대신 카탈루냐어를 쓰면서 카탈루냐 민족의 정체성을 지키고 있다. 스페인과 카탈루냐의 갈등은 다른 유럽 국가들의 주목을 받고 있다. 유럽에는 전쟁 등을 계기로 한 나라로 통합되었으나 민족이 달라 갈등이 깊은 곳들이 많아서다.

 가짜가 진품을 이기는 현상, 그레셤의 법칙으로 설명된다?

품질이 좋은 제품 대신 그 제품을 본뜬 가짜 저질 상품이 더 많이 팔리는 현상이 종종 일어난다. 정품 소프트웨어보다 불법 복제 프로그램이 널리 사용된다든지, 세계적 석유 회사들이 영향력을 유지하기 위해 친환경 자동차의 개발을 달갑게 여기지 않는다든지 하는 것도 같은 맥락의 일들이다. 이를 '그레셤의 법칙(Gresham's law)'이라고 한다.

이는 16세기에 영국에서 활동했던 금융가 토머스 그레셤(Thomas Gresham)이 펼친 주장이기도 했다. 그레셤은 영국의 정부 재정 고문관으로 있으면서 엘리자베스 1세에게 아버지인 헨리 8세처럼 질 낮은 금속으로 화폐를 주조해 통화의 질을 떨어뜨릴 것을 건의했고 실제로 실행했다. 그렇게 해야 화폐 발행을 통해 정부가 재정 수입을 늘릴 수 있기 때문이다. 그러면서 그레셤은 '악화(惡貨)는 양화(良貨)를 구축한다'는 말을 했다. 쉽게 말해 '나쁜 돈이 좋은 돈을 몰아낸다'는 뜻이다.

 최근 등장한 '햄버거 포비아'라는 공포증이 있다?

2016년 9월, 우리나라에서 4세 여자아이가 맥도날드에서 판매하는 햄버거를 먹고 복통을 호소하다가 4일 뒤 중환자실에 입원하는 사건이 발생했다. 평생 신장 투석을 해야 할 만큼 신장이 크게 손상되어 2급 장애 판정을 받기에 이르렀다. 아이의 병명은 용혈성 요독 증후군(HUS, Hemolytic Uremic Syndrome)으로, 일명 '햄버거병'이었다. 이 사건으로 햄버거에 대한 소비자의 불신이 커지고 심지어 '햄버거 포비아'라고 하는 공포증이 사회적으로 퍼지기도 했다.

햄버거병은 패스트푸드가 대중화된 나라에서는 종종 발생했었다. 가장 유명한 사례는 1982년 미국 오리건주의 맥도날드에서 햄버거를 먹은 소비자들이 발병한 사건이다. 패티에서는 식중독균의 일종인 병원성 대장균 O-157이 발견되었다. 이때 732명이 집단으로 대장균 식중독에 걸린 데다가, 그중 일부가 용혈성 요독 증후군을 앓았다. 이 사건으로 결국 4명이 사망하고 178명이 영구적인 신장 장애를 입었는데 피해자 대부분이 10세 이하 어린이였다.

용혈성 요독 증후군은 고기로 만든 음식을 덜 익혀 먹거나 오염된 음식을 섭취했을 때 발병하며, 장출혈성 대장균에 감염되어 신장 기능이 저하되는 질환이다. 용혈성 요독 증후군을 예방하기 위해서는 쇠고기와 햄버거용 고기는 최소 68℃ 이상에서 조리해야 한다. 또 저온 살균 처리가 되지 않은 우유를 마시거나, 하수에 오염된 물에서 수영해서는 안 된다.

 새끼 야생동물을 잘못 구조했다가는 납치범이 될 수 있다?

봄이나 초여름, 나들이를 하러 갔던 사람들이 고라니, 노루, 너구리, 각종 새 등의 새끼 야생동물을 구조해서 동물보호시설에 연락하는 경우가 많다. 하지만 정말 긴급 상황이 아니라면 새끼 동물을 함부로 데려와서는 안 된다. 생명을 구한 고마운 은인이 아니라 어미와 생이별을 시킨 나쁜 납치범이 될 수 있기 때문이다.

예를 들어, 고라니는 5~6월경 새끼를 낳아 풀숲에 감춰두고 먹이를 찾으러 가는 습성이 있다. 이럴 때 사람이 혼자 있는 새끼 고라니를 보고 불쌍하다고 여기고 구조해버리면 그 새끼는 다시는 어미를 만날 수가 없다. 새도 마찬가지다. 땅에 떨어져 있는 새끼 새라고 할지라도 둥지에서 어느 정도 자란 뒤 한창 비행 훈련을 하는 중일지도 모른다. 어미 새가 새끼를 버리고 떠난 게 아니라, 그저 가까운 곳에서 지켜보고 있을 수 있는 것이다. 따라서 새끼 야생동물을 발견했다면 무작정 새끼를 옮기지 말고 일단 그 자리에 둬야 한다. 멀찍이 떨어져서 2~3시간쯤 기다리며 동태를 살펴야 한다. 그러면 어미가 새끼를 데리러 올 가능성이 높다. 다만, 어미가 근처에서 죽어 있다든지 하면 분명히 새끼가 위험에 노출된 상황이니 이럴 때는 지체 말고 동물보호시설 등에 연락을 해야 한다.

 산과 숲에 갈 때 도토리를 줍는 것은 불법이다?

가을철 등산을 하러 갔다가 무심코 도토리나 밤을 주워 오는 경우가 있다. 그런데 그 몇 알이 야생동물을 죽음으로 몰아넣을 수도 있다. 도토리나 밤은 다람쥐, 청설모, 새, 멧돼지에게는 소중한 겨울 식량이다. 하지만 이를 모르는 사람들이 도토리와 밤을 주워가는 바람에 먹을 것이 줄어들자, 야생동물들이 사람들이 사는 동네에 출몰하고 있다. 배고픔에 먹이를 찾아 헤매던 야생동물들은 사람을 보고 놀라 도망가다가 자동차에 치이거나, 잡혀 죽임을 당하기도 한다. 도토리 채취는 이미 '도시공원 및 녹지 등에 관한 법률'로 금지되어 있지만, 법률 자체를 모르는 사람들이 대부분이다.

이에 2014년부터 야생동물의 무고한 죽음을 막기 위해 도토리를 야생동물에게 돌려주자는 운동이 벌어지고 있다. 바로 '도토리 저금통' 설치 운동이다. 사람들이 도토리를 넣어두어 다람쥐가 꺼내 갈 수 있게 하는 것이다. 지금까지 전국적으로 30여 곳에 설치되었다.

 미국은 왜 위험한 화성에 자국민을 이주시키려는 걸까?

우주 탐사 관련한 뉴스가 끊이지 않는다. 미국 민간 우주개발업체 스페이스X의 일론 머스크 회장은 100명 이상이 탈 수 있는 우주선을 만들어 2024년에 첫 화성 이주자를 보내겠다고 수차례 공언했다. 화성 탐사에 동참해 첫 화성 이주에 나서겠다고 지원한 사람도 수십만 명에 이른다. 현재 인류를 화성에 보내는 것까지는 과학기술로 가능하다고 한다. 화성까지 사람과 화물을 실어

보낼 초대형 로켓을 만들어 쏘아 올리면 된다. 하지만 우주선이 지구로 돌아올 연료까지 실을 수 없기 때문에 화성으로 향하는 사람들은 다시는 지구로 돌아오지 못할 길을 떠나는 셈이다. 지구와 화성의 평균 거리는 무려 2억 2790만 킬로미터에 달한다.

그렇다면 도대체 왜 화성으로 사람을 보내는 탐사를 하려는 걸까? 미국을 비롯해 세계 선진국들이 앞다퉈 화성 탐사를 추진하는 데는 경제적 이유가 있다. 한마디로 우주 산업이 유망한 미래 먹거리라는 것이다.

Q 독서의 계절이라는 가을, 사람들은 이때 책을 많이 읽을까?

국립중앙도서관이 공개한 내용에 따르면 1년 중 대출량이 가장 적은 달이 9월이고, 그다음이 11월, 10월 순이라 한다. 또한 대출량이 가장 많은 달은 1월과 8월이라고 한다. 통계 수치를 보면 앞으로는 한겨울과 한여름이 독서의 계절이라 불러야 할 것 같다.

Q 범죄자가 가장 선호하는 화폐는 비트코인이다?

최근 랜섬웨어로 인한 피해 사례가 급증하고 있다. 랜섬웨어(Ransomware)는 '몸값(Ransom)'과 '소프트웨어(software)'의 합성어로 시스템을 잠그거나 데이터를 암호화해 사용할 수 없도록 한 뒤 돈을 요구하는 악성 프로그램을 일컫는다. 그런데 돈을 비트코인으로 요구하는 사례가 늘고 있다. 2017년 5월 워너크라이(WannaCry)라는 랜섬웨어가 전 세계 150여 개국에서 30만 대 이상의 컴퓨터를 감염시키는 대형 사건이 터졌다. 6월에는 러시아, 유럽, 미국, 남미 등에서 동시다발적인 사이버 공격이 발생해 정부기관, 기업, 은행이 피해를 보았다.

대표적 온라인 가상화폐 비트코인

이처럼 랜섬웨어 범죄가 늘고 있는 원인은 바로 가상화폐 비트코인의 활성화로 꼽힌다. 가상화폐는 소유주의 확인이 어렵고 세계 어디에서나 현금화가 가능해서 추적이 거의 불가능하다. 범죄자의 랜섬웨어의 공격 이후에는 가상화폐로 대가를 요구하기 마련인데 속수무책인 경우가 대부분이다. 현재까지는 백업본을 만들어 대비하는 것이 유일한 대책이다.

Q 베네수엘라에서는 돈의 값어치를 무게로 잰다?

남미 베네수엘라에서는 사람들이 돈을 무게로 재는 희한한 풍경을 종종 목격할 수 있다. 그곳 사람들은 지갑 대신 돈이 가득한 봉지를 돌고 다니기도 한다. 콜라 한 병 사기 위해서 100볼리바르 지폐를 25장 내야 하는 등 경제가 극심한 인플레이션이 빚어낸 상황이다. 이처럼 인플레이션이 너무 심해서 초인플레이션이라고 부르는 현상에 시달리는 베네수엘라는 사실 세계 5위의 산유국이다. 그런데 왜 이렇게 되었을까?

베네수엘라는 한때 고유가 경제로 특수를 누렸다. 하지만 원유 수출만 믿고 정치가들이 포퓰리즘 정책을 남발하고 말았다. 원유로 벌어들인 외화를 원유 채굴 등 설비, 기술 투자에 쓰지 않고 선심성 정책으로 탕진하다 보니 이 지경이 된 것이다. 게다가 국가의 주 수입원인 원유 생산량마저 줄어들고 있다. 2018년 4월, 베네수엘라의 원유 생산량은 전년 대비 30%나 감소했다.

Q 세금을 걷지 않는 사우디아라비아는 어떻게 국가를 운영할까?

국가를 운영하는 가장 큰 재원인 세금을 사우디아라비아는 국민에게 걷지 않는다. 그러면 국가를 어떻게 운영할까?

사우디아라비아의 정식 명칭은 사우디아라비아 왕국(Kingdom of Saudi Arabia)이다. 이슬람 군주국으로 정교일치의 국왕 중심제의 정부 형태로 운영된다. 한반도의 10배쯤 되는 국토에서 약

3000만 명이 살아간다. 그리고 전 세계 석유 매장량의 약 20% 내외를 보유하고 있다. 사우디아라비아에는 직접세인 소득세가 없다. 상품에 붙는 간접세인 부가가치세도 없다. 다만 자국 기업은 법인세는 없지만 종교세로 1년에 소득의 2.5%를 낸다. 그리고 외국 기업은 법인세가 20%이고, 이 가운데 가스 산업 기업은 30%, 원유 탐사 기업은 85%를 낸다.

이렇게 국민에게 세금을 걷지 않는 대신 사우디아라비아는 국가 재정의 80%를 석유를 팔아 얻은 이득으로 나라를 운영하고 있다. 또한 많은 복지 혜택을 지원한다. 의료비와 교육비가 무료이며, 국립대의 경우 등록금뿐만 아니라 기숙사비도 내지 않는다. 오히려 학생들은 매달 약 30만 원씩의 생활 보조금을 지원받는다.

 영국 정부는 세금을 잘 걷는 특별한 비법이 있다?

영국 정부는 2010년부터 세금 납부율을 끌어올리고자 애썼다. 이때 행동과학 연구자들로 구성된 팀을 꾸려 여러 실험을 거친 끝에 쉽게 문

세금은 사회문제를 이해하는 출발점이다

제를 해결할 수 있었다. '10명 중 9명이 제때 세금을 낸다'는 말을 세금독촉장에 써넣은 것이다. 그러자 갑자기 연체된 세금을 많은 사람이 내기 시작했다.

행동과학에서는 이 같은 현상을 '동조 행동'이라고 한다. 남들이 다 하고 있다는 정보는 사람들에게 행동을 유발하는 강한 동기를 갖게 한다. 이를 활용해 선거 참여를 유도하거나, 취업하도록 하는 등 세계 각국의 정부들은 최근 행동과학을 국정 운영에 속속 도입하고 있다.

Q 흰 우유가 아닌, 딸기나 초코 우유에 부과되는 세금이 있다?

흰 우유에는 없고 딸기 우유, 초코 우유에 있는 것은 딸기와 초콜릿뿐만이 아니다. 바로 부가가치세, 일명 부가세가 다르다. 부가세는 말 그대로 가치가 부가돼서 내는 세금을 의미한다. 흰 우유에는 없던 딸기, 초콜릿이라는 가치가 부가되었기 때문에 부가세가 붙는다.

부가세는 영수증을 보면 알 수 있는데 물건 가격의 10%다. 편의상 부가세는 소비자를 대신해서 판매자가 부가세를 낸다. 사람들이 자주 이용하는 교통 요금, 수돗물 등에는 부가세가 붙지 않는다. 또한 쌀, 밀가루, 우유, 고기 등 가공되지 않은 자연 그대로의 것도 마찬가지다. 여기에 열을 가하거나 양념과 같은 가치가 더해질 때는 부가세가 붙는다.

 사람처럼 세금을 내는 희한한 나무가 우리나라에 있다?

재산을 가지고 있는 국민은 국가에 재산세를 낸다. 그런데 사람이 아닌 나무가 세금을 내기도 한다. 경상북도 예천군 감천면 천향리 석평 마을 입구에 서 있는 수령 600여 년으로 추정되는 소나무, 석송령이다.

1928년 석평 마을에 이수목이라는 부자가 살았다. 그는 재산을 물려줄 자식이 없으니 나를 위로해주던 이 소나무에게 땅을 물려주겠다고 결심한 뒤 소나무에게 이름을 지어주었다. 마을 이름인 석평 마을의 첫 글자 '석(石)'을 성으로 삼고, 영혼이 있는 소나무라는 뜻의 송령(松靈)이란 이름을 붙였다. 그러고선 나무에게 땅 6,600㎡(제곱미터)를 물려주었다. 국가에서는 석송령을 천연기념물 제294호로 지정해 보호 중이며 재산세를 부과한다. 마을 사람들은 석송령의 땅을 관리하고, 그 땅에서 얻은 소득으로 마을 아이들에게 장학금을 준다.

제품을 사지 말라고 광고하는 배짱 있는 회사가 있다?

아웃도어 제품을 파는 파타고니아(Patagonia)는 "Don't buy this jacket(이 재킷을 사지 마세요!)"라는 광고를 한다. 그러면서 100년 뒤를 생각하는 결재를 하고 옷을 오래 입자는 캠페인을 하고, 옷을 관리하고 수선하는 방법을 알리기 위해 노력한다.

파타고니아(Patagonia)는 칠레의 푸에르토몬트와 아르헨티나의 콜로라도강을 잇는 남위 40도 이남 지역을 말한다. 거칠고 황량한 땅으로 공룡 화석이 발견되기도 한다. 이 지역은 셰익스피어가 유배와 폭풍을 다룬 『템페스트』의 영감을 얻은 곳이며 조나단 스위프트에게는 『걸리버 여행기』에 등장하는 거인국의 모델을 제공했다. 파타고니아는 오랜 기원과 역사를 품은 지명을 회사 이름으로 하여 환경과 기원의 보존에 대한 의지를 밝히고 있는 셈이다. 이처럼 적극적으로 지구의 지속 가능성을 높이는 가치를 따르고 고객에게 표현하면서 소비자의 마음을 움직였다. 파타고니아는 자사 제품을 사지 말라는 광고를 했지만, 오히려 제품이 잘 팔리면서 미국 아웃도어 시장에서 2위를 차지하고 있다.

애플의 숨겨진 조력자는 나이키다?

스포츠용품 시장에서 부동의 1위를 차지하던 나이키는 2000

년대 들어 성장률이 둔화하였다. 분석 결과, 동종 업체가 소비자로부터 더 인기를 끈 것이 요인이 아니었다. 애플, 소니, 닌텐도 등 때문이었다. 용돈으로 나이키 운동화를 사던 청소년들이 게임에 돈을 대부분 쓰기 시작하자 나이키가 영향을 받은 것이었다.

그러자 나이키는 애플과 파트너십을 맺고 함께 성장할 방법을 구상했다. 그래서 2006년 처음 개발된 것이 '나이키, 아이팟 스포츠 키트'였다. 나이키 운동화 밑창에 센서를 달고 이를 아이팟에 연결시키면 아이팟 LCD창에 운동량이 기록되는 제품이었다. 이후부터 지금까지 두 회사는 꾸준히 서로에게 도움이 되는 제품을 개발하고 있다.

 장사가 안되는 식당의 음식은 점점 더 맛없어진다?

오랜만에 찾아간 식당의 음식 맛이 예전만 못할 때가 있다. 그래서인지 손님 수도 줄어든 것 같은 느낌이 들기도 한다. 그런데 이런 식당은 이상하게도 음식 맛이 점점 더 맛없어지는 경우가 많다. 원래처럼 잘되려면 예전 맛을 되찾아야 할 텐데 왜 그런 걸까?

손님이 적어지니 준비되었던 음식이 잘 안 팔리고, 회전율이 안 좋아지니 음식 신선도가 떨어지고, 다음 준비 과정에서 예전과 달리 재료를 덜 쓰거나 해서 맛이 달라지는 등 식당 운영의 악순환이 진행되는 것이다. 이를 '마태 효과(Matthew effect)'라고 한다. 가난한 사람은 점점 더 가난해지고, 부유한 사람은 점점 더 부유해지는 현상이다. 신약성경 마태복음 25장 29절에는 다음과 같은 구절이 있다. "무릇 있는 자는 받아 넉넉하게 되되 없는 자는 그 있는 것도 빼앗기리라." 부유한 자와 가난한 자의 부의 간극이 점점 더 벌어진다는 빈익빈 부익부 현상의 함축적 표현이다.

마태 효과는 국가적으로도 큰 문제가 되고 있다. 개발도상국의 인재는 더 좋은 대우를 받기 위해 선진국으로 이동하는 경향이 있는데, 이런 경향이 가속화되면 세계의 인재가 모이는 선진국은 점점 더 발전하고, 이에 비해 개발도상국은 발전 속도가 더욱더 느려지는 것이다.

Q 왜 사람들은 매번 같은 식당에 가서 같은 메뉴를 시킬까?

사람은 심리적으로 실패를 싫어한다. 손해 보는 것도 싫어한다. 이런 이유로 새로운 식당, 새로운 카페, 새로운 메뉴보다는 예전에 경험했던

메뉴는 프랑스 말로 세계 공통어이다

것을 선택한다. '신장개업한 중국집이 있네? 짜장면이 원래 즐겨 가던 곳보다 더 맛있을까? 혹시 모르니 단골집으로 가야겠다'라는 식으로 생각하는 것이다. 행동경제학에서는 이 같은 경제적 행동을 '손실회피 경향'이라고 한다.

특히 불경기일 때는 손실회피 경향이 두드러진다. 돈이 많지 않기에 낯선 것에 대한 선택을 더욱 피하게 된다. 그래서 새로운 유행이 퍼지기보다 원래부터 잘 팔리던 상품이 계속 잘 팔리고, 원래부터 인기 있던 가게가 계속 인기가 있다.

 식당에서 가장 잘 팔리는 것은 중간 가격의 메뉴다?

한식, 일식 식당 등 코스나 세트 메뉴를 주로 취급하는 곳에서 가장 잘 팔리는 메뉴는 중간 가격의 메뉴다. 3만 원, 4만 원, 5만 원짜리 코스 메뉴가 있다면 4만 원짜리가 가장 잘 팔린다는 것이다. 여러 선택지가 있을 때 사람은 중간 것을 고르는 성향이 있다. 가장 싼 것은 맛이 없을 듯하고, 가장 비싼 것은 가격이 비싼 듯하다는 생각에 자연스럽게 무난한 선택을 하게 마련이다.

이렇듯 여러 선택지가 있을 때 무난하게 중간 것을 선택하는 성향을 이용해 마케팅 분야에서는 일부러 비싼 상품보다 한 단계 더 위로 더 비싼 상품을 구성하기도 한다. 그러면 소비자는 비싼 상품과 더 비싼 상품을 견주다가 비싼 상품을 많이 선택하기 때문이다. 하지만 이 '가격 비교 효과'가 늘 통하는 것은 아니니 주의가 필요하다. 특히 비교될 만한 대상이 너무 많으면 역효과가 날 수도 있다.

 결정 장애는 누구나 겪는 당연한 현상이다?

한때 '결정 장애'라는 말이 유행어처럼 사용된 적이 있다. 그만큼 사람들은 사소한 결정에도 어려움을 느낀다. 원래 일상에서도 결정을 내려야 할 일들이 많긴 하다. 점심때 무엇을 먹을지, 미용실에서 머리를 어떻게 할지, 어떤 색상의 볼펜을 살지, 목적지까지 가기 위해 버스를 탈지 지하철을 탈지 등등.

이와 관련해 미국 콜롬비아대학교의 쉬나 아이엔가 교수는 실험했다. 판매대를 두 곳에 마련하고 한쪽에는 6종의 잼을 두었고, 다른 쪽에는 24종의 잼을 진열했다. 그 결과, 6종의 잼이 있는 판매대에서는 사람 중 30%가 잼을 샀지만, 24종의 잼이 있는 판매대에서는 단 3%만 잼을 샀다. 실험 참가자들은 선택의 폭이 넓어질수록 결정 내리기가 더 어렵다고 털어놓았다. 선택지가 많을수록 포기해야 할 것도 많아지기 때문이다. 심리학에서는 이처럼 쉽게 결정하지 못하는 상태를 가리켜 '결정 불능 증후군'이라고도 한다.

 명품 핸드백이 비쌀수록 더 팔리는 이유가 있다?

프랑스의 명품 브랜드 샤넬은 핸드백 가격이 보통 300만 원이 넘는다. 그런데도 샤넬은 잘 팔린다. 우리나라 백화점 등에도 매장이 있는 샤넬은 제품 가격을 2015년에 7%를, 2016년에 4.4%를 인상하기까지 했다. 소비자물가 상승률이 2015년에 0.7%, 2016년에 1.9%였던 것을 고려할 때 제품 가격이 가파르게 올랐다고 볼 수 있다. 이런 상황에서도 여전히 샤넬 핸드백은 인기를 끌고 있다.

이런 모순적인 현상을 설명해주는 이론이 '베블런 효과(Veblen effect)'다. 미국의 경제학자인 소스타인 베블런(Thorstein Bunde Veblen)은 가격이 오르는데도 수요가 증가하는 것은 희소성 때문이라고 했다. 비싸면 누구나 가질 수 없기에 희소성은 더 높아지고, 그 결과 일부 부유층의 욕구를 부추겨 오히려 수요가 늘어난다는 것이다.

 9,990원, 19,990원짜리가 잘 팔리는 까닭은?

대형 슈퍼마켓에 가면 9,990원, 19,900원 등 상품 가격을 10

원, 100원씩 낮춰 판매하는 모습을 흔히 볼 수 있다. 실제로 9로 끝나는 단수 가격은 일반 가격보다(10,000원 vs 9,900원) 소비자가 선택할 확률이 더 높다. 이런 가격 표시는 소비자에게 소액이지만 할인이 되어 싸다는 인상을 주기 때문이다. 이를 '단수 가격 효과(Odd price effect)'라고 한다.

단수 가격 효과를 활용한 가격 표시는 전 세계적으로 쓰이고 있다. 다만 대부분이 '9'를 활용하는데, 일본에서는 '8'을 활용한다. 일본에서는 8이 좀 더 발음하기 쉽고 국민 정서상 9는 속내를 완전히 드러낸다고 여겨져서다.

Q 쉽게 번 돈은 실제로 쉽게 나간다?

가끔 거액의 복권에 당첨되었던 사람의 사연이 뉴스에 나온다. 그 많던 돈을 헛되게 쓰고 빈털터리 신세가 되었다는 사연이 유난히 많다.

한국 최초의 복권은 런던올림픽 후원권이다

과연 왜 복권 당첨금은 쉽게 주머니에서 나가는 걸까?

그것은 그 돈의 가치가 상대적으로 낮기 때문이다. 도박에서 번 돈을 '하우스 머니(House money)'라고 한다. 복권 당첨금도 일종의 하우스 머니다. 예를 들어, 월급 10만 원과 하우스 머니 10만 원 가운데 돈의 소유자가 느끼는 가치는 월급 쪽이 더 크다. 시간과 노력을 기울여 얻어서다. 이런 상대성 때문에 복권 당첨금은 같은 금액의 월급 등에 비해 소비할 때 더 막 쓰게 된다. 따라서 뜻하지 않은 행운으로 큰돈을 갖게 되었을 때 이를 잘 관리하려면 마음을 다스려야 한다. 그렇지 않으면 복권에 당첨되었다가 곧 빈털터리가 된 사람과 같은 처지가 될지도 모른다.

 돈을 충분히 벌고 있는 흑자 때 부도가 나는 일이 있다?

말 그대로 기업 활동을 잘하고 있는데도 부도가 날 수 있을까? 부도는 자금을 결제하거나 지불할 돈이 없는 상황인데 말이다. 흔하지는 않지만 이런 황당한 일이 벌어지기도 한다.

우량 기업인 업체가 다른 업체로부터 어음을 받았다가 그 업체가 부도가 나고, 일시적으로 자금이 많지 않을 때 덩달아 부도를 맞는 경우가 대표적이다. 일명 연쇄 부도, 흑자 부도라고 한다. 국제적으로 흑자 부도가 일어나기도 한다. 1997년 IMF 외환위기, 2008년 리먼브라더스 파산으로 시작된 글로벌 금융위기 때 수많은 우량 중소기업이 도산 위기에 빠졌었다.

세계 물가를 비교하는 지수는 대부분 먹거리다?

빅맥 지수(Big mac index)는 미국 패스트푸드 회사 맥도날드의 대표적 햄버거 상품인 빅맥의 판매가를 기준으로 세계 각국의 상대적 물가 수준과 통화 가치를 비교하는 지수다. 빅맥 지수는 영국의 경제 주간지『이코노미스트』가 1986년부터 해마다 1월과 7월 두 차례에 걸쳐 발표하고 있으며 매년 세계 120개 국가에서 판매되는 빅맥을 대상으로 한다.

이처럼 제품 가격으로 세계 각국의 물가 수준을 가늠하는 지수들은 다양하다. 우선 '라테 지수'다. 스타벅스 카페라테 톨 사이즈의 가격을 기준으로 비교한다. 그리고 '초코파이 지수'도 있다. 세계 60여 개국에 수출되는 초코파이의 가격을 비교하는 것이다. 또한 '김치 지수'도 있다. 김치찌개 가격을 기준으로 비교하는 지수로 2005년 영국의 경제 신문『파이낸셜타임스』가 처음 소개했다. 당시 세계에서 가장 비싼 김치찌개는 스위스 취리히에서 파는 것으로 34.20달러였다. 이에 비해 서울의 김치찌개는 4~5달러였다.

 탄생석은 성경에서 기원했다?

매달을 상징하는 12가지 보석이 있다. 이른바 '탄생석'이다.

탄생석은 자신이 태어난 달에 해당하는 보석을 몸에 지니면 행운을 불러온다는 속설이 있어서 액세서리로 많이 팔린다.

그런데 탄생석은 누가 정했을까? 여러 유래 중 가장 유력한 것은 바로 성경이다. 1세기 유대계 로마 역사가 플라비우스 요세푸스(Flavius Josephus)는 구약성경과 신약성경에 등장하는 12가지 보석 이야기를 근거로 들었다.

하지만 성경에 기록된 보석들과 오늘날 탄생석으로 여기는 보석들의 종류와는 다르다. 현대의 탄생석은 1912년 미국보석조합이 계절의 느낌 등을 고려하고 다이아몬드나 진주 등 가치가 높은 보석류 등을 포함한 목록을 기준으로 한다. 이에 따른 탄생석과 각 특징은 다음과 같다.

탄생석으로 점을 치기도 한다

- 1월: 가넷(garnet). 붉은빛이 돌아서 석류석이라고도 불린다. '진실한 우정, 충성, 진리' 등을 의미해서 여러 사람이 같은 반지를 낄 때 많이 선택한다.
- 2월: 자수정. 보랏빛의 맑고 투명한 자수정은 '성실, 평화, 권

위' 등을 의미하며 전통적으로 하늘과 인간을 이어주는 보석으로도 여겨졌다.
- 3월: 아쿠아마린(aquamarine). 우리나라에서 전통적으로 해수청색(海水靑色)이라고도 표현할 만큼 연한 청록색의 보석이다. '젊음, 행복, 희망, 건강'을 의미한다.
- 4월: 다이아몬드. '불멸, 순수, 용기, 아름다움, 사랑의 맹세' 등을 의미한다. 1477년 오스트리아의 맥시 밀리언 대공이 프랑스의 버건디 왕국의 공주에게 다이아몬드 반지를 주며 청혼한 때부터 청혼 반지에 사용되었다.
- 5월: 에메랄드. 아름다운 녹색의 보석이다. '자연, 정화, 행복, 행운, 순결'을 의미한다.
- 6월: 진주. 수많은 보석 중 유일하게 조개류가 만드는 천연 보석이다. '청순, 순결, 매력, 건강, 장수'를 의미한다.
- 7월: 루비. 어원 자체가 라틴어로 '붉다'라는 뜻의 루브럼(rubrum)에서 왔을 만큼 루비는 붉은빛을 띤다. '열정적인 사랑, 사람의 지혜'를 의미한다.
- 8월: 페리도트(peridot). 우리나라에서는 '감람석'이라고도 한다. '부부의 행복, 친구와의 우정, 태양의 선물'을 의미한다.
- 9월: 사파이어. 푸른색의 보석이다. '건강, 생명, 평화'를 의미

한다.
- 10월: 오팔. 오팔은 '유색(遊色) 효과'라고 해서 여러 색상이 영롱하게 보인다. '희망, 청순, 사랑' 등을 의미한다.
- 11월: 토파즈. 우리말로는 '황옥(黃玉)'이라고 하는데, 그렇다고 해서 노랑색만 있는 게 아니라 파랑색, 분홍색, 갈색 등 토파즈는 여러 색상이 있다. '아름다움, 건강, 청렴, 희망, 부활'을 의미한다.
- 12월: 터키석. 푸른색이나 녹색의 보석이다. '행운, 성공, 승리'를 의미한다.

 터키석은 정작 터키에서는 생산되지 않는다?

인기 있는 보석 중의 하나인 터키석. 보석의 이름 때문에 터키에서 생산된다고 오해하기 쉽지만, 전혀 다른 이유로 그런 이름이 생겨났다.

이집트 북동부, 홍해에 돌출한 반도인 시나이반도에서 푸른색이나 녹색의 보석이 산출되었는데, 이 보석은 운반 경로상 터키를 거쳐 유럽에 소개되었다. 이집트에서 보면 유럽은 아주 먼 미지의 나라였고 터키는 지평선 끝처럼 여겨졌다. 이는 유럽인들의 생각에도 마찬가지였다. 그러면서 터키석에 프랑스어로

'Pierre Turquoise(터키의 돌)'라는 이름이 붙여져 지금에 이르게 되었다.

 상순, 중순, 하순이 10일씩 차이 나는 이유는 10개의 태양 때문이다?

상순(上旬), 중순(中旬), 하순(下旬)은 각각 한 달 가운데 1~10일, 11~20일, 21일에서 말일까지를 가리키는 용어다. 그런데 이 말은 정말 오래전에 생겨났다. 기원전 1600년경부터 기원전 11세기까지 존재했던 중국 고대의 왕조인 은 왕조 때 만들어졌으니 3,000년 이상이 되었다.

당시 사람들은 10개의 태양이 매일 번갈아 가며 대지를 비춘다고 여겼다. 각 태양은 갑, 을, 병, 정 등 개별적인 이름도 있었다. 그리고 왕을 태양신의 자손으로 생각했다. 또한 10개의 태양이 한 바퀴를 도는 10일을 날짜를 세는 단위로 삼았다. 이때 상순, 중순, 하순이라는 단위가 생겼다.

 연필의 단위인 '다스'도 알고 보면 일본말이다?

일반적으로 연필을 세는 단위로 '다스'를 사용한다. 연필 한 다스는 연필 12자루를 뜻하는데 사실 이 단위는 우리가 생활해서 사용을 지양해야 한다. 다스는 영어 dozen의 일본식 발음으로 일제강점기의 잔재이기 때문이다.

고대 로마 시대에는 12진법이 많이 쓰였다. 오늘날까지 그 흔적이 곳곳에 남아 있다. 예를 들어, 시계의 12시간 표기, 1년이 12개월로 구성된 것, 연필 12자루를 한 단위로 보는 것 등이다. 이 12개 단위를 영어로는 바로 더즌(Dozen)이라고 하며, 연필뿐만 아니라 달걀 한 판, 도넛 한 상자, 맥주 캔, 주스 병을 세는 단위로도 여전히 사용되고 있다.

Q 수목장의 기원은 불교에서 찾을 수 있다?

2000년대 들어 우리나라에는 수목장(樹木葬)이라는 자연장이 등장했다. 나무 아래 고인의 유골을 묻거나 뿌리는 자연장의 한 형태다. 우리나라에서 치러진 현대적인 수목장은 2004년 9월 김장수 고려대학교 명예교수의 장례식이 최초로 알려져 있다.

수목장의 기원은 굉장히 오래되었다. 불교에서 스님이 세상을 떠나면 화장한 뒤 수습한 뼛가루를 찰밥과 버무려 산에 뿌리던 것에서 유래했다고 한다. 스리랑카, 태국 등 동남아 불교 국가에선 이미 수백 년째 보리수에 수목장을 하고 있으며, 스위스, 독일, 영국, 일본 등지에서도 수목장이 널리 보급돼 있다.

개나리는 볼품없는 꽃이고 진달래는 좋은 꽃이다?

'개나리'와 '진달래'라는 말에는 각각 접두사 '개-'와 '진-'이 들어 이때 '개-'는 '개살구, 개떡' 등과 마찬가지로 '질이 떨어지는'이라는 뜻이다. '개나리꽃'은 나리꽃이지만 원래 나리꽃보다는 작고 볼품없는 꽃이라고 여겨져 '개-'가 붙었다. 이에 비해 '진달래꽃'은 달래꽃이지만 달래꽃보다는 더 좋은 꽃이라고 해서 '진-'이 붙었다. 한편 진달래꽃은 먹을 수 있는 꽃이어서 '참꽃'이라고도 불린다. 이에 비해 철쭉꽃은 먹을 수 없어서 '개꽃'이라고 한다.

 불교와 관련 있는 우리나라의 꽃과 나무 이름들

불교는 우리나라에 372년 고구려 때 전파되었다. 역사가 오래된 만큼 한국인의 생활 곳곳에 영향을 미쳤는데, 그중 나무와 꽃 이름에서도 흔적을 찾아볼 수 있다.

불교의 상징은 연꽃이다

· **때죽나무**: 계곡에서 흔히 볼 수 있다. 5월에 작은 종 모양의

하얀 꽃이 지고 나면 연한 잿빛의 조금 반질거리는 열매가 주렁주렁 매달린다. 마치 스님들이 여럿 모인 모습이 연상되어 오래전부터 떼중나무로 불리다가 때죽나무라는 이름이 정착되었다.

- **불두화(佛頭花)**: 봄이면 하얀 작은 꽃이 촘촘한 모양으로 야구공만 한 꽃을 피우는 불두화. 꽃 모양이 부처님의 꼬불꼬불한 머리카락과 닮았다.
- **참죽나무**: 절에서는 참죽나무의 연한 새잎을 튀기거나 장아찌를 담가서 먹는다. 그래서 '스님들이 먹는 진짜 중나무'라는 의미로 참중나무라고 불리다가 참죽나무라는 이름이 정착되었다.
- **가중나무**: 가중나무는 모습이 참죽나무와 비슷하다. 하지만 참죽나무와 달리 잎을 먹을 수도 없고 냄새까지 고약하다. 이런 특성에서 '가짜 중나무'란 뜻으로 가중나무라 불리다가 가죽나무가 되었다.

 이팝나무는 밥과 닮아서 붙여진 이름이다?

예전에는 흰 쌀밥을 '이밥'이라고 불렀다. 이밥은 '이(李)씨의 밥'이란 뜻으로 조선 시대에는 벼슬을 해야 이씨인 임금의 내리는 쌀밥을 먹을 수 있다 해서 생긴 말이다. 그런데 매년 5월경이면 이팝나무는 하얀 꽃들을 피우는데 그 모습이 마치 쌀밥과 비슷하다. 나무는 20~30m까지 자라는데 파란 잎이 잘 보이지 않을 만큼 꽃이 가득 피고, 그 꽃은 넷으로 잎이 갈라진다. 그래서 우리 조상은 이팝나무의 꽃 핀 모습에 따라 그해의 벼농사를 점치기도 했다. 이런 이유로 쌀밥과 비슷한 모양의 꽃이 피는 나무라고 해서 이밥나무라고 불리다가 후에 이팝나무로 이름이 정착되었다.

느릅나무는 껍질이 느른해져서 느릅나무다?

우리 조상은 매년 4~5월마다 춘궁기(春窮期)를 겪었다. 묵은 곡식은 다 떨어지고 햇곡식을 거두려면 더 있어야 해서 많은 백성이 굶주렸고 때론 산야의 나무와 풀로 연명하기도 했다. 그때 대표적으로 먹었던 것 중의 하나가 느릅나무였다. 느릅나무 껍질을 찧으면 젤리처럼 부드럽고 느른하게 된다. 약간 끈적거리기도 해서 배를 채우기에도 좋다. 이런 나무 특성에서 비롯되어 느릅나무라는 이름이 붙여진 것이다.

느릅나무와 함께 칡뿌리도 당시 좋은 식량이 되어주었다. 칡뿌리는 전분이 10%가 넘게 함유되어 있고 당분과 비타민까지 들어 있는 영양가 있는 식품이다.

'똥구멍이 찢어지게 가난하다'라는 말이 소나무에서 비롯되었다?

조선 시대에 춘궁기를 견딜 때 먹는 식물 가운데 하나가 솔잎이었다. 솔잎을 빻은 가루는 영양분을 공급하는 훌륭한 식품이었다. 하지만 이 솔잎을 먹고 난 뒤에는 심각한 부작용을 겪어야 했다. 바로 변비였다. 이런 상황을 빗대어 '똥구멍이 찢어지게 가난하다'라는 말이 생긴 것이다.

그렇다면 솔잎으로 인한 변비는 과연 어떻게 해결했을까. 명종 9년(1554) 조정이 반포한 『구황촬요(救荒撮要)』라는 책을 통해 실마리를 찾을 수 있다. 이 책에는 흉년을 대비한 여러 의학 지식과 음식 조리법 등을 담은 책에는 '구황엔 솔잎이 가장 좋지만 대변 막히는 걱정이 없어지려면 느릅나무 껍질 즙을 먹어라'고 권장하는 대목이 나온다.

 샐러리맨의 유래는 소금으로부터 시작되었다?

직장에서 지속적으로 일하는 사람에게 일의 대가로 정기적으로 받는 일정한 금액을 봉급이라고 하고, 그 봉급을 받는 사람을 봉급생활자라고 한다. 그런데 재밌게도 봉급생활자의 영어식 표현인 '샐러리맨(Salaried man)'의 어원은 소금에서 유래되었다.

소금을 사기 위한 돈을 의미하는 라틴어가 'Salarium'이다.

소금(Sal)과 인간(Arius)이 합쳐져 생긴 말로 영어권에 들어와 'Salary'가 되었다. 로마 시대에는 소금의 가치는 금과 비슷할 만큼 귀했고, 돈처럼 거래가 되었기에 군인의 봉급 중 일부를 소금으로 지급했다. 그런 소금을 'Salarium'이라 했는데 이 말은 프랑스를 거쳐 영어권에 전해져 월급이나 정기적 급료를 뜻하는 'Salary'로 자리 잡았다.

 관동별곡의 관동은 과연 어느 지역을 가리킬까?

고등학교 국어 교과서에 게재된 송강 정철의 「관동별곡(關東別曲)」, 작품 제목 중 '관동'은 강원도를 뜻하는 말이며, 이 작품은 정철이 강원도 관찰사에 임명돼 금강산 및 관동팔경이라 꼽히는 명승지를 두루 유람한 뒤, 소감을 쓴 작품으로 알려져 있다.

그런데 우리나라에는 관서, 관북 지역도 있다. 관서는 지금은 북한 지역인 평안남북도 일대를 가리킨다. 관북은 함경남북도 일대다. 이 지명들에 공통으로 들어 있는 '관(關)'이라는 한자는 요충지였던 철령관(鐵嶺關)이다. 철령은 한양에서 원산으로 가는 길에 있는 고개인데 군사적으로 중요하게 여겨져 일찍부터 이곳에 요새인 철령관을 만들어 적들을 방어해왔다.

은수저를 물고 태어났다는 말은 『돈키호테』에서 왔다?

서양에서는 유복한 집안에서 태어나 경제적으로 넉넉하게 살아온 사람을 묘사할 때 '은수저를 물고 태어났다(Born with a silver spoon in one's mouth)'라는 표현을 사용한다. 그런데 이 말이 스페인 소설가 미겔 데 세르반테스(Miguel de Cervantes, 1547~1616)가 쓴 풍자 소설 『돈키호테(Don Quixote)』(1712)에서 비롯되었다는 설이 있다.

당시 스페인에서는 흔히 나무를 깎아 숟가락을 만들어 썼다. 이에 비해 부잣집에서는 귀한 은수저를 사용했는데, 세르반테스는 당시의 풍속을 소설 속에 담아냈다. 이를 계기로 은수저를 물고 태어났다는 말은 일종의 관용어가 되어 현대까지 사용되고 있다는 것이다.

 마피아는 원래 이탈리아에서 명예로운 호칭이었다?

마피아의 어원에 대해서는 의견이 분분하긴 하지만 19세기 중반 이탈리아 시칠리아 섬에서 사용되던 말이라는 설이 가장 유력하다. 그런데 요

기업형 범죄 조직을 마피아라 한다

즘에는 강력한 범죄 조직을 가리키는 것과 달리, 당시 시칠리아에서 마피아는 잘못된 제도에 맞설 만큼 용기 있는 사람을 가리키는 명예로운 호칭이었다. 사회 전반에 좋은 영향을 미치고 변화를 일으키기 위해 솔선수범하던 마피아라는 말은 세월이 흐르고 여러 나라에 전파되는 과정에서 원래 뜻과 전혀 다른 뜻을 갖게 된 것이다.

 브래지어는 원래 전쟁에서 활을 쏠 때 쓰던 팔목보호대였다?

여성 속옷인 브래지어(Brassiere)는 중세 유럽의 전쟁터에서 궁사의 팔목보호대를 가리켰던 프랑스어 '브라시에르(Brassière)'에서 온 말이다. 이 단어는 영어에서는 '브레이서(Bracer)'라고 하는데, 양궁 분야에서 팔목보호대란 뜻으로 아직 사용되고 있다.

브레이서는 중세 말기를 지나면서 갑옷의 가슴 보호구를 통칭하는 용어로 쓰였고, 19세기에는 조끼, 구명조끼 등을 뜻하는 단어가 되었고,

원래 브래지어는 전투 용품이었다

가슴에 착용하는 여성 속옷이 발명된 이후에는 이를 주로 이르는 말로 사용되기 시작했다.

건강에 도움되는 피톤치드, 사실 죽음과 관계있는 말이다?

숲이나 산에 가서 피톤치드를 마시면 건강에 좋다는 이야기를 사람들은 흔히 한다. 아예 이를 목적으로 삼림욕을 하기도 한다. 그런데 피톤치드의 어원은 뜻밖에도 죽음과 관련이 있다. 피톤치드는 '식물'이라는 뜻의 '파이톤(Phyton)'과 '죽이다'라는 뜻의 '사이드(Cide)'가 합성된 말이다. 피톤치드라는 말은 1943년 미국 세균학자 왁스만(S. A. Waksman)이 만들었다.

피톤치드는 식물이 내뿜는 항균성 물질이다. 페놀 화합물, 알칼로이드 성분 등이 종합되어 있으며, 식물이 주위의 다른 식물 간의 생존에서 이기기 위해 다른 식물의 성장을 방해하는 목적으로 내뿜는다.

식물들 사이에서는 해로운 작용을 하는 피톤치드는 인간에게는 이로운 작용을 한다. 상쾌한 향으로 심리적인 안정감을 전하며 기관지와 피부에 약리 작용을 한다고 알려져 있다.

도미노는 천주교에서 '주님'을 부르던 말에서 유래되었다?

첫 번째 블록을 쓰러뜨리면 다른 블록들이 연이어 쓰러지는 도미노 놀이. 이 놀이의 이름은 사실 '주님(Dominus)'이라는 교회 용어에서 유래했다. 원래 도미노는 18세기 이탈리아에서 고안된 주사위 놀이에서 시작되었으며, 패를 맞춰 점수를 내면 승리하는 일종의 보드게임이었다. 이때 도미노의 패는 앞면이 주사위가 새겨진 상아였고 뒷면은 검은 나무로 만들어졌다. 당시 성직자들이 두건과 긴 망토가 달린, 겉은 까맣고 안은 하얀 복장이 연상되는 모습이었다. 의복의 이름은 고대 프랑스어로 '도미노(Domino)'였다. 성직자의 의복 도미노는 '주님을 찬미합니다(Benedicamus domino)'라는 기도 문구에서 유래했다.

어원 때문인지 프랑스의 수사들이 아예 도미노 게임을 만들었다는 설도 있다. 수사들은 게임에서 "딕시트 도미누스 도미노 메오(Dixit dominus domino meo)"라고 외쳐 승리를 선언하곤 했다는 것이다. 이는 주일 저녁기도의 첫째 시편의 첫 구절로 '주님께서 내 주께 이르셨다'는 뜻이다.

Q 아령은 중세 유럽 때 교회 종지기들의 연습 도구였다?

근력 강화를 위해 사용하는 아령(啞鈴, Dumb-bell)은 소리를 내지 못한다는 의미의 덤(dumb)과 종을 뜻하는 벨(bell)의 합성어다. 우리가 사용하는 '아령'이라는 말은 영어를 직역해 '벙어리 종'을 한자로 옮긴 것이다. 특이한 뜻이 담긴 아령의 역사에는 종을 울리기 위한 중세 종지기들의 노고가 있다.

옛날 유럽 교회의 종은 성직자와 수도자들의 기도 시간뿐 아니라 마을의 모든 사람이 시간을 알게 해주는 중요한 역할을 했다. 그만큼 종탑의 종은 크고 무거웠다. 종을 흔들어 울리려면 많은 힘이 들었고 종이 울리는 횟수를 맞추기 위해서는 요령도 필요했다. 이를 위해 종지기는 많은 연습을 했다. 그래서 고안된 것이 소리가 안 나는 '벙어리 종' 아령이었다. 첫 아령의 모습은 종탑의 종처럼 무거운 추와 그 추를 흔들기 위해 달린 도르래와 밧줄의 형태였다. 종지기의 연습용 종이었던 아령이 근력운동의 도구로 유행하기 시작한 것은 16세기 영국에서다. 근력 단련을 위해 귀족 자제들 사이에서 아령을 집에 만들어 운동하는 것이 유행했다. 그러다 현재와 같이 손잡이 양쪽에 같은 무게의 추가 달린 아령은 19세기 초반 등장했다.

Q 프랑스의 국가명은 전투용 도끼에서 비롯되었다?

프랑스. 지금은 전 세계 패션계에 영향을 미치는 예술과 문화의 나라이지만 정작 나라 이름인 프랑스(France)를 살펴보면 역사적으로는 거친 사람들이 조상이었음을 알 수 있다. 프랑스의 어원이 되는 '프랑크(Frank)'란 단어는 원래 도끼란 뜻의 '프란시스카(Francisca)'라는 단어에서 나왔다. 이는 중세 시대의 전쟁터에서 살상용으로 던지던 전투용 도끼를 의미한다.

　프란시스카 도끼를 주로 사용하던 종족이 프랑크족이며 이들이 오늘날 프랑스의 기반이 된 프랑크왕국을 세웠다. 프랑크족은 원래 오늘날 독일과 네덜란드 일대에 살던 게르만족의 일파였다. 로마제국 시절에는 로마의 갈리아 국경 지대에 살다 보니 로마인들과 접촉이 많았고 다른 게르만족들에 비해 상당히 문명 수준이 높았다. 이 프랑크족 남성 중 상당수는 로마제국에 들어가 용병으로 근무하기도 했다. 그때의 로마제국은 유럽에서 가장 발전한 국가였고 민족과 관계없이 군대에 25년간 복무하면 자신은 물론 자신의 자식들도 시민권을 부여받아 로마에서 살 수 있었다.

 모조지는 모방해서 만들어진 종이라고?

　1878년 파리에서 열린 만국박람회에 일본은 종이를 출품했다. 당시의 대장성 인쇄국이 제조한 국지(局紙)였다. 이를 본 오스트리아 사람들은 이와 유사한 종이를 만들어냈고, 후에 재팬 시밀리(Japan-Simili)라는 이름으로 일본으로 수출했다. 일본에서는 재팬 시밀리와 비슷한 종이를 다시 제조했다. 모방했다는 의미에서 이 종이에는 '모조지(模造紙)'라는 명칭을 붙여졌다.

Q 필기구 샤프가 회사 이름까지 바꾸었다?

흔히 '샤프'라고 부르는 필기구의 정확한 명칭은 미케니컬 펜슬(Mechanical pencil)이다. 필기구의 끝부분인 '노브'를 누르거나, 필기구 몸체를 흔들어 가는 연필심이 나오게 하는 기계 작용이 적용된 필기구다. 미케니컬 펜슬의 최고 특장점은 깎을 필요가 없다는 것이다.

현재 널리 사용되는 형태의 미케니컬 펜슬은 1913년 미국에서 만들어졌고, 1915년 일본에서도 회전식 미케니컬 펜슬이 만들어져 공전의 히트를 했다. 이때의 개발자가 전자제품 회사인 하야카와전기공업주식회사의 창업자이자 사장인 하야카와 토쿠지였다. 제품명이 '에버 레디 샤프'였는데, 유행을 타면서 점차 '샤프'라는 애칭으로 불렸다. 샤프라는 말이 미케니컬 펜슬을 통칭하는 말로 자리 잡게 되자 하야카와전기공업주식회사는 1970년 회사 이름을 아예 샤프로 변경하기에 이른다. 이후 샤프는 일본 최초로 전자레인지를 양산했고, 공학용 계산기, LCD 등 각종 전자제품을 생산하는 회사로 거듭났다.

외환 투자자의 대명사 '와타나베 부인'에게는 다른 이름들이 있다?

　해외의 고금리 자산에 투자하는 일본 주부 외환 투자자들을 지칭하는 경제 분야의 대명사가 바로 '와타나베 부인'이다. 이들은 30년 가까이 지속된 일본 장기 경기 침체와 제로금리 체제에서 싼 엔화를 빌려 해외에 투자해 이익을 얻는다. 와타나베(Watanabe)는 일본에서 흔한 성(姓) 중에 하나다. 다른 나라들에도 와타나베 부인에 해당하는 용어가 있다. 미국에서는 '스미스 부인', 유럽에서는 '소피아 부인'이라고 부른다. 또한 이런 용어들에 빗대어 한국 주식시장의 큰손으로 떠오른 중국인들은 '왕씨 부인'이라고 불린다.

 여러 악재가 일어나는 것이 '칵테일 위기'라고?

　칵테일은 혼합주다. 다양한 독주들에 얼음, 과즙 등을 섞어 만든다. 그래서 칵테일을 여러 잔 마셨다가 심하게 취하기도 한다. 이런 칵테일

고대 인도와 페르시아에도 칵테일이 있었다

의 특징에서 유래된 말이 바로 '칵테일 위기(Cocktail of risks)'다.

경제적으로 악재가 한꺼번에 일어나는 위험한 상황을 가리킨다.

칵테일 위기는 2016년 1월 영국 재무장관이었던 조지 오즈번(George Osborne)이 새해 기자회견에서 "위험한 칵테일 위기가 다가오고 있다"고 말해 처음으로 알려졌다. 당시 유럽연합 탈퇴, 국제 유가 하락, 신흥국 자금 이탈 등의 여러 국제적 이슈가 있어 영국에도 위기가 닥칠 수 있음을 경고한 말이다.

 경제를 망치는 '샤워실의 바보'란 누구일까?

경제학에 '샤워실의 바보(Fool in the shower room)'라는 용어가 있다. 1976년 노벨 경제학상을 수상한 미국 시카고대학교의 밀턴 프리드먼(Milton Friedman) 교수가 정부의 부적절한 시장 개입을 경고하기 위한 말이다. 샤워실에서 더운물이 나올 때까지 기다리지 못해 수도꼭지를 돌렸다가 뜨거운 물에 놀라고, 또다시 수도꼭지를 반대편으로 돌렸다가 차가운 물에 놀라는 상황을 빗대었다. 자유주의 경제학자인 프리드먼은 조금만 기다리면 보이지 않는 손인 시장이 알아서 해줄 텐데 정부가 개입해 정책을 자꾸 바꿔 오히려 경제를 망치고 있다 꼬집은 것이다.

멸종 위기의 갈라파고스에서 유래된 '갈라파고스 신드롬'?

일본 게이오대학교 나츠노 다케시 교수는 일본의 휴대폰이 기술적으로는 앞서 있지만, 국내에서만 팔리는 현상을 가리켜 '갈라파고스 신드롬'이라고 했다. 갈라파고스 제도는 에콰도르에 속하는 19개의 섬으로 남아메리카 대륙에서 1,000km쯤 떨어져 있다. 그래서 독자적으로 진화한 동물들이 고유한 생태계를 이루고 있었는데, 교통 발달로 육지와 교류가 빈번해지자 외래종이 유입되면서 동물들이 멸종되기 시작했다. 이런 상황에 빗대어 어떤 사회가 고립되어 세계 시장에서 멀어지는 현상을 갈라파고스 신드롬이라고 칭한 것이다.

나츠노 교수는 일본 휴대폰 인터넷망인 '아이모드(I-mode)'를 개발한 장본인이다. 아이모드는 기술 면에서는 우수하다는 평가를 받았지만 해외 시장에서는 인기를 얻지 못했다. 이외에도 일본은 1999년에 이메일, 2000년에 카메라폰, 2001년에 3G 네트워크, 2002년에 음악파일 다운로드, 2004년에 전자결제 등 시대를 앞선 기술을 선보였다. 하지만 국제표준화를 기다리지 않고 국내 상용화를 함으로써 국제 시장에서 고립을 자초하는 결과를 낳고 말았다. 이처럼 일본 기술이 세계에서 인기를 얻지 못한 것을 가리켜 '잘라파고스(Jalapagos)'라고도 한다.

인스턴트 음식이 사람의 성격을 변화시킨다고?

사람의 성격은 선천적으로 타고나기도 하지만, 음식을 섭취하는 방법에 따라 후천적으로 바뀌기도 한다. 인스턴트 음식이 특히 그렇다. 바쁜 현대인들에게 인스턴트 음식은 간편하게 한 끼의 식사를 대체할 수 있어 환영을 받고 있지만, 반대급부로 사람의 성격을 급하게 만들고 오래 기다리지 못하게 하는 등 참을성과 인내심을 부족하게 만든다.

그밖에도 인스턴트 음식을 계속 먹으면 잠재성의 영양소 결핍상태라는 새로운 영양장애가 생기게 되는데, 이는 기호의 편중(편식)에서 오는 영양소 섭취의 불균형에서 비롯되는 것이다.